Süßigkeiten selbst gemacht

TEXT | FOTOS

PETRA CASPAREK & | JANA LIEBENSTEIN
KERSTIN SPEHR | EISING STUDIO | FOOD PHOTO & VIDEO

Schritt für Schritt Neues ausprobieren

Wer kann den kleinen Naschereien schon widerstehen? Bonbons, Pralinen, Toffees, Marzipan und all die anderen Köstlichkeiten versüßen das Leben.

Süßigkeiten zu genießen bedeutet, kurz aus dem Alltag auszubrechen. Mal die Augen schließen und sich ein Fudge oder ein Stückchen Schokolade auf der Zunge zergehen lassen, herrlich!

Aber warum selbst machen?

Die Qualität der Zutaten selbst bestimmen, je nach geschmacklichen Vorlieben variieren – das sind nur zwei gute Gründe fürs Selbstmachen. Statt künstlicher Aromastoffe die Aromen natürlicher Zutaten einsetzen, anstelle von Lebensmittelfarbe mit den Farben natürlicher Zutaten spielen – wer mit solch hochwertigen Zutaten arbeitet, bekommt Genuss von Anfang an. Und es macht vor allem auch viel Freude, neue Rezepturen auszuprobieren und sich seine Lieblings-Süßigkeiten auf einmal selbst herzustellen. Super, wie einfach sich Schokoladentoffees oder krosse Schokohäppchen zubereiten lassen! Und Marshmallows, eigentlich kaum zu glauben, dass man die zu Hause wirklich selbst herstellen kann! Gleich doppelt Freude machen die süßen Kostbarkeiten, wenn man sie verschenkt. In Tütchen und Schachteln, mit Anhängern, Bändern und Schleifen verziert, sind sie ein willkommenes Mitbringsel.

Was braucht es noch, außer guten Zutaten?

Zumindest einen freien Nachmittag sollte man sich nehmen, vielleicht auch einen ganzen verregneten Sonntag. Ein bisschen Muße, genügend freie Arbeitsfläche, vielleicht schöne Musik im Hintergrund, viel mehr braucht es nicht, um mit der Süßigkeitenproduktion anzufangen. Ideal ist eine eher kühle Arbeitsumgebung mit niedriger Luftfeuchtigkeit, denn das Raumklima hat großen Einfluss auf Kuvertüre und Co. Wenn dann all die feinen Zutaten in Reih und Glied bereitstehen und darauf warten, in herrliche Naschereien verwandelt zu werden, ist der Alltag plötzlich vergessen und das Denken und Tun richtet sich nur noch auf die köstlichen Leckereien. Und das ist auch gut so, denn die Süßigkeitenherstellung erfordert große Konzentration. Fast meditativ!

Und womit beginnen?

Als Anfänger sollte man sich erst einmal die einfacheren Rezepte vornehmen: bei schlichten Bonbons (nicht die gezogenen Seidenkissen!) und Lutschern lässt sich das Zuckerkochen mit dem Thermometer prima üben. Weiße Walnusstoffees und Schokoladentoffees gelingen ganz leicht sogar ohne Zuckerthermometer und garantieren erste Erfolgserlebnisse. Schokoladentafeln und Schokoladenblätter sind ideal, um das wichtige Temperieren der Kuvertüre zu üben, bevor man sich an Anspruchsvolleres wagt. Geht mal etwas schief, nicht gleich aufgeben! Es braucht einfach ein bisschen Übung und Erfahrung, bis man sich an Fondant oder Turron heranwagen kann. Und wann macht Ausprobieren schon so viel Spaß wie beim Herstellen von Süßigkeiten?

1

2

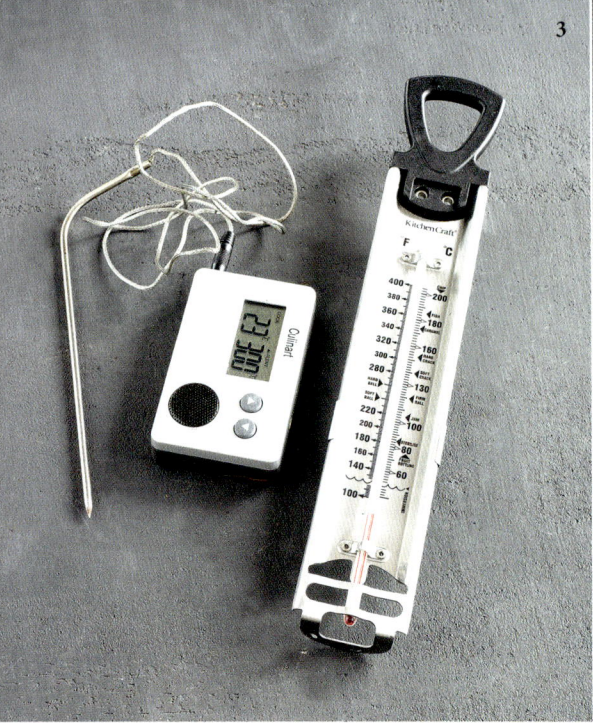

3

4

5

6

Küchenausstattung für Zuckerbäcker

1 | Stielkasserolle

Unverzichtbar zum Zucker-schmelzen. Ideal aus Kupfer oder unbeschichtetem Edel-stahl mit dickem Boden. Der Stiel darf nicht heiß werden, damit man den Topf jeder-zeit sekundenschnell von der Herdplatte nehmen kann. Die Größe entsprechend der Zuckermenge wählen. Dabei muss man einerseits genug Raum für Schaumentwick-lung und aufwallenden Sirup einkalkulieren, andererseits die Größe so wählen, dass der Sirup mindestens 4 cm hoch ist, damit sich die Temperatur gut messen lässt. Ideal: eine Kasserolle mit 16 und eine mit 20 cm Durchmesser.

2 | Edelstahl- und Back-rahmen

Unersetzlich, wenn flüssige oder zähe Massen zu Platten gegossen werden. Für Mas-sen bis ca. 2 cm Höhe eignen sich speziell zugeschnittene schwere Vierkantrohre aus Edelstahl. Mit zwei 20 cm lan-gen und zwei 30 cm langen Rohren lassen sich fast alle Maße zusammenlegen (im Patisserie-Fachhandel bestel-

len). Für höhere Massen einen verstellbaren Backrahmen aus Edelstahl verwenden, den es im Haushaltsfachgeschäft oder im Spezialversand gibt.

3 | Zuckerthermometer

Das klassische Zuckerther-mometer aus Glas mit Git-terummantelung und einem Messbereich zwischen 80° und 220° eignet sich vor allem für größere Sirupmengen, denn die Spitze muss mindestens 6 cm tief in die Flüssigkeit eingetaucht werden. Zucker-thermometer aus Metall kann man auch für kleinere Mengen benutzen, ihr Messbereich liegt meist zwischen 20° und 200°. Die Genauigkeit eines analo-gen Thermometers sollte man hin und wieder prüfen, indem man es in kochendes Wasser stellt. Zeigt es 100° an, kann man sich darauf verlassen. Bei Abweichungen muss man die Differenz bei anderen Messun-gen berücksichtigen. Digitale Zucker- oder Haushaltsther-mometer messen zwischen –45° und 200° und eignen sich sowohl zum Sirupkochen als auch zum Temperieren von Kuvertüre (unbedingt an Ersatzbatterien denken!).

4 | Marmorplatte oder Silikonmatte

Für die Verarbeitung von sehr heißem Sirup. Die Platte sollte mindestens 1,5 cm dick und ca. 30 × 40 cm groß sein. Alter-native: eine mit Glasfaserge-webe verstärkte Silikonmatte.

5 | Küchenmaschine

Mit starkem Motor und einer Rührschüssel aus Metall oder hitzebeständigem Glas, in der man bis zu 145° heiße Flüssig-keiten über längere Zeit kräftig aufschlagen kann: unverzicht-bar bei der Herstellung von Marshmallows und Turron.

6 | Sonstiges

Spachtel, Palette und Silikon-spatel sind wichtig, außerdem ein großes Kunststoffbrett, das unbedingt für Süßes reserviert sein sollte, ein sauberer Back-pinsel zum Reinigen des Topf-randes beim Sirupkochen, ein elektrisches Handrührgerät, ein Pürierstab und ein Blitz-hacker, außerdem eine digitale Waage. Auch Flüssigkeiten werden exakt abgewogen. Kühlakkus zum Herstellen von Eiswasser sind viel praktischer als Unmengen von Eiswürfeln.

Süß allein macht noch keine Süßigkeit

Erst Zutaten, die dem Zucker Geschmack und Duft verleihen, die ihn glatt und schmelzend machen und sanft einfärben, verwandeln ihn in verlockende Süßigkeiten.

Manchmal braucht man ihn gar nicht, dann kommt die Süße ganz natürlich mit Trockenfrüchten oder Honig einher. Manchmal spielt Zucker nur eine Nebenrolle, als knusprige Karamellhülle für geröstete Nüsse etwa oder als zarte Süße in edlen Kuvertüren.

Glukosesirup ist ein Invertzucker, der aus Stärke hergestellt wird. Die klare, klebrige, sehr zähflüssige Masse lässt sich am besten mit angefeuchteten Händen aus dem Plastiktöpfchen entnehmen. Glukosesirup verhindert beim Zuckerkochen das Auskristallisieren des Zuckers. Bonbons, Toffees und Karamellen werden damit schön geschmeidig und lassen sich angenehm lutschen. Glukosesirup gibt es beim Spezialversand in haushaltsüblichen Mengen.

Bei **Lebensmittelfarben** unterscheidet man wasserlösliche und fettlösliche. Wasserlösliche Farben sind für alle Arten von Bonbons, Marshmallows und Turron geeignet, jedoch nicht für Kuvertüre und Kakaobutter. Diese mit fettlöslichen Produkten einfärben. Generell gilt: Lebensmittelfarbe dezent einsetzen, damit die Süßigkeiten appetitlich aussehen. Man bekommt sie im Supermarkt oder beim Spezialversand.

Weinsteinsäure kommt in den Zuckersirup, wenn er nach dem Erreichen der gewünschten Temperatur noch weiter bearbeitet wird. Beim Zuckerziehen zum Beispiel, wenn man durch das wiederholte Auseinanderziehen und Zusammendrehen der formbaren Zuckermasse einen seidigen Effekt erzielen möchte, verhindert die Weinsteinsäure die Rekristallisation und sorgt dafür, dass die Zuckermasse elastisch ist: Die Säure spaltet einen Teil des Zuckers in Fruktose und Glukose auf und verzögert bzw. verhindert dadurch, dass der im Sirup aufgelöste Zucker wieder Kristalle bildet. Weinsteinsäure immer vor der Verwendung in warmem Wasser auflösen. Ihr Geschmack ist leicht säuerlich, man bekommt sie in der Apotheke.

Gefriergetrocknete Früchte sorgen in vielen Süßigkeiten für ein herrlich fruchtiges Aroma und natürliche Farbe. Im Mörser lassen sich Beeren oder Fruchtstücke fein zerreiben. Man bekommt sie beim Spezialversand. **Fruchtmark** gibt es dort ebenfalls oder oft auch im Großmarkt. Kleine Mengen am besten selbst machen: Für ein Erdbeer- oder Himbeermark 250 g geputzte, gewaschene, evtl. halbierte Beeren mit 20 g Zucker 2 – 6 Min. kochen. Vom Herd nehmen, durch ein feines Sieb drücken.

Eckige Oblaten bringen klebrige Massen wie beispielsweise Turron oder Fruchtschnitten perfekt in Form. Die handelsüblichen Oblaten sind ca. 12 × 20 cm groß, es gibt sie vor allem in der Vorweihnachtszeit in gut sortierten Lebensmittelgeschäften; das ganze Jahr über kann man sie beim Spezialversand bestellen.

Bezugsadressen finden Sie auf Seite 126.

Zucker – die Basis aller Süßigkeiten

Zucker verleiht Bonbons, Turron, Marshmallows und Co. eine Portion Süße, er ist aber auch für ihre richtige Konsistenz verantwortlich.

Um die richtige Konsistenz zu erhalten, muss man Zucker zunächst in Wasser auflösen und aufkochen. Beim weiteren Kochen verdampft nach und nach das Wasser und die Temperatur des Zuckersirups steigt. Damit steigt auch die Konzentration des Zuckers im Sirup. Entsprechend fester wird er beim Abkühlen.

Vorsicht beim Zuckerkochen!

Dabei werden Temperaturen bis 160° erreicht! Spritzer auf der Haut können zu starken Verbrennungen führen. Deshalb vorab alle Zutaten abwiegen, Geräte bereitstellen und alles so weit wie möglich vorbereiten, um wirklich konzentriert arbeiten zu können!

Zum Zuckerkochen eignet sich weißer Kristallzucker am besten. Um ihn zu schmelzen, gibt man ihn mit etwas Wasser (etwa im Verhältnis 3 : 1, also bei 150 g Zucker 50 g Wasser) in eine Stielkasserolle. Die Zuckermischung bei schwacher Hitze unter Rühren erwärmen, bis sich alle Zuckerkristalle aufgelöst haben und ein Sirup entstanden ist. Den Topfrand dabei immer wieder mit Pinsel und Wasser säubern, damit keine Zuckerkristalle in den Sirup fallen können. Dann die Hitze erhöhen. Sobald der Sirup kocht, nicht mehr rühren, um eine Rekristallisation zu vermeiden. Wenn die gewünschte Temperatur erreicht ist (siehe S. 13), den Topfboden sofort in eiskaltem Wasser abschrecken, damit die Temperatur nicht weiter ansteigt.

Temperatur messen

Die Temperatur des Zuckersirups lässt sich entweder anhand der Beschaffenheit des abgekühlten Zuckersirups mit der Fingerprobe bestimmen (siehe S. 13) oder mit einem Zuckerthermometer messen. Dafür einen Becher mit heißem Wasser bereitstellen, in dem man das Thermometer zwischendurch abstellen kann, damit sich der daran klebende Sirup ablöst. Beim Messen mit einem analogen Thermometer muss der Sirupspiegel im Topf hoch genug sein, um mit dem Sensor des Thermometers tief genug darin einzutauchen. Mit dem digitalen Thermometer wird direkt am Topfboden gemessen, in diesem Fall muss der Sirupspiegel nicht so hoch sein.

Fehler beim Zuckerkochen

Wenn man den Topfrand beim Kochen des Sirups nicht mit Wasser und Backpinsel sauber hält, können Zuckerkristalle vom Topfrand in den Sirup gelangen. So passiert es, dass der Sirup innerhalb kurzer Zeit zu einer steinharten Masse auskristallisiert und sich nicht mehr auflösen lässt. Dann hilft nur noch, den Topf vom Herd nehmen, einweichen, geduldig mehrmals spülen und wieder von Neuem beginnen. Wird der Zucker zu dunkel (über 160°), schmeckt er immer bitterer und verbrennt schließlich ab 180°. Auch hier gibt es leider keine Rettung und man muss von vorne beginnen.

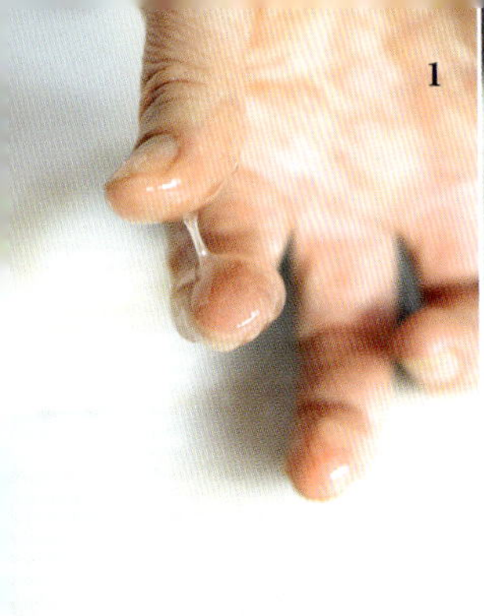

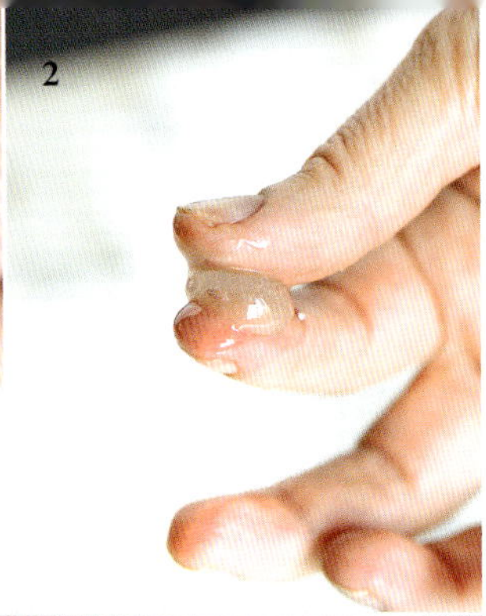

Faden, Ball, Bruch und Karamell

Zuckerkochen ist eine Kunst für sich. Je nach gewünschtem Ergebnis wird der Zucker auf eine bestimmte Temperatur erhitzt. Hier ist genaues Arbeiten nötig!

Die Zuckertemperatur lässt sich auch mit der »Fingerprobe« bestimmen. Wer sich darauf verlässt, sollte schon etwas Erfahrung im Zuckerkochen mitbringen. Doch auch wer sich lieber auf das Thermometer verlässt, sollte die Fingerprobe einmal gemacht haben, denn so lässt sich am besten erfahren, in welchem Zustand sich der Zucker für welche Süßigkeit eignet.

Der Zuckersirup ist zum Faden gekocht, wenn er $104°$–$110°$ heiß ist. Daumen und Zeigefinger in Eiswasser tauchen, etwas Sirup mit einem Löffel entnehmen (Achtung, sehr heiß!), zwischen Daumen und Zeigefinger nehmen und auseinanderziehen. Je nachdem, wie weit sich der entstehende Faden ziehen lässt ohne zu reißen, spricht man vom **schwachen** bzw. **starken Faden** (**Bild 1**).So wird der Sirup für Marshmallows verwendet.

Das nächste Stadium ist zum Ball gekocht. Eine Schüssel mit Eiswasser bereitstellen.

Den Topf mit dem kochenden Sirup vom Herd nehmen und im Eiswasser abschrecken. Beim **weichen Ball** ist der Zuckersirup $113°$–$116°$ heiß, beim **festen Ball** $117°$–$120°$: etwas Sirup mit einem Löffel entnehmen, in Wasser tauchen und zwischen Daumen und Zeigefinger nehmen (**Bild 2**). Lässt er sich zu einem Ball formen, der etwas nachgibt, spricht man vom weichen Ball. Entsteht ein festerer, aber noch elastischer, ziemlich klebriger Ball, der nicht leicht seine Form verliert, ist der Sirup im Stadium des festen Balls. Für Fudge muss der Sirup auf $115°$ gekocht werden, für Fondant auf $116°$. Der Sirup ist zum **harten Ball** ($121°$–$128°$) gekocht, wenn die erkaltete Sirupkugel unter Druck kaum nachgibt, jedoch immer noch etwas klebrig ist (**Bild 3**). Für Marshmallowmasse mit Eiweiß (für Mäusespeck) wird der Zuckersirup auf $127°$ gekocht.

$130°$–$140°$ heißer Zuckersirup hat das Stadium des **schwachen Bruchs** erreicht: etwas

Sirup in das bereitgestellte Eiswasser geben und zwischen den Fingern auseinanderziehen. Wenn der Sirup feste, aber elastische Streifen bildet und kaum noch klebt, ist er richtig (**Bild 4**). Für Toffee wird er auf $132°$ gekocht, für Karamellen auf $135°$. Beim **harten Bruch** ist der Zuckersirup $140°$–$155°$ heiß und bricht, wenn man die Probe aus dem Wasser nimmt und auseinanderzieht (**Bild 5**). Der Zuckersirup ist jetzt leicht gelb und nicht mehr klebrig. Für Lutschbonbons und -stangen soll der Zuckersirup $140°$–$145°$ heiß sein, für Turron $143°$.

Wird der Zuckersirup $160°$ heiß, fängt er an zu bräunen und nach Karamell zu duften. Das passiert ziemlich schnell, darum die Hitze etwas reduzieren. Damit der Sirup gleichmäßig bräunt, den Topf vorsichtig schwenken. Hellbrauner **Karamell** (**Bild 6**) eignet sich für Krokant, haselnussbrauner für Süßspeisen wie Crème Caramel. Ab $180°$ verbrennt der Zucker und wird ungenießbar.

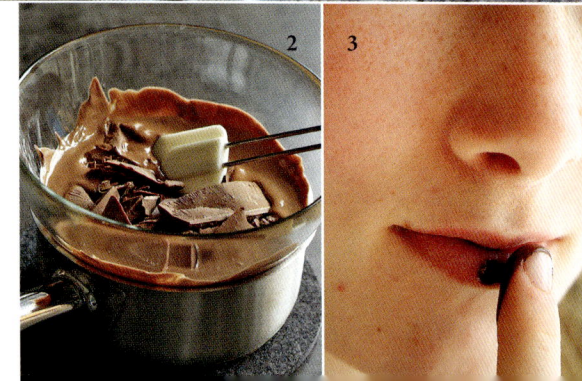

Kuvertüre schmelzen und temperieren

Egal, ob kleine Schokoladentafeln oder mit Schokolade überzogenes Konfekt – in jedem Fall muss die Kuvertüre geschmolzen und auf die richtige Temperatur gebracht werden. Wird hier fehlerhaft gearbeitet, entstehen Schlieren, die Schokolade ist matt und bleibt relativ weich. Richtig temperiert hingegen erhält sie ihren typischen, knackigen Biss, ihren seidigen Schimmer und eine gleichmäßige Färbung.

1. Schritt: Kuvertüre schmelzen

Kuvertüre in Blockform muss zunächst mit einem großen Messer gehackt werden. Kuvertüre in Form von kleinen Chips oder Plättchen ist praktisch und wird wie folgt verarbeitet: etwa zwei Drittel der angegebenen Menge in eine große Schüssel geben. Auf einen kleineren Topf mit knapp siedendem Wasser setzen; der Schüsselboden darf nur mit dem Wasserdampf, aber nicht mit dem Wasser in Berührung kommen und es darf absolut kein Wasserdampf in die Kuvertüre gelangen. Zartbitterkuvertüre auf dem Wasserbad rühren (**Bild 1**), bis sie maximal 50° heiß und geschmolzen ist (Temperatur für weiße und Vollmilchkuvertüre siehe rechts). Die Schüssel vom Wasserbad nehmen und rühren, bis sich alle Reste aufgelöst haben.

2. Schritt: Kuvertüre herunterkühlen

Durch das sogenannte »Impfen« wird die Kuvertüre heruntergekühlt. Dafür zuerst einmal die Schüssel mit der geschmolzenen Kuvertüre vom Wasserbad nehmen, ein Drittel der Kuvertüre in eine kleine Schüssel umfüllen und warm stellen. In die restliche, in der Schüssel verbliebenen Kuvertüre portionsweise das übrige (nicht geschmolzene!) Drittel einrühren (**Bild 2**). Durch das Rühren schmilzt die feste Kuvertüre fast komplett in der warmen Masse, und sie wird deutlich dicker. Zwischen 28° und 29° warm ist die Zartbitterkuvertüre jetzt. Wer kein Zuckerthermometer besitzt, das auch im unteren Temperaturbereich misst, kann die richtige Temperatur auch anders feststellen: einen Klecks der geschmolzenen Kuvertüre mit dem Finger auf die Unterlippe tupfen (**Bild 3**). Fühlt die Kuvertüre sich deutlich kalt an, ist sie richtig heruntergekühlt.

3. Schritt: Kuvertüre hochtemperieren

Als letzter Schritt wird die warm gestellte Kuvertüre esslöffelweise in die heruntergekühlte Kuvertüre eingerührt. Die Temperatur dabei immer wieder messen, die ideal temperierte Zartbitterkuvertüre soll 31°–32° warm sein und sich auf der Lippe neutral anfühlen. In der Tabelle finden Sie auch die Angaben für weiße und Vollmilchkuvertüre.

Temperaturtabelle für Kuvertüre

	1. Schritt: schmelzen	2. Schritt: herunter-kühlen	3. Schritt: hoch-temperieren
Zartbitter-kuvertüre	maximal 50°	28–29°	31–32°
Vollmilch-kuvertüre	maximal 40°	27–28°	29–30°
Weiße Kuvertüre	maximal 38°	26–27°	28–29°

Aus Kuvertüre wird heiß geliebte Schokolade

Schokoladentafeln

Für Schokoladentafeln sollte man spezielle Formen aus Hartplastik verwenden (meist mit fünf Mulden), die es im Küchenfachgeschäft oder beim Spezialversand im Internet gibt. Silikonformen sind zu instabil und nicht wirklich geeignet. Zum Befüllen die Formen auf Backpapier setzen und die geschmolzene Kuvertüre mit einem Spritzbeutel (am besten Einweg) mit mittelgroßer Lochtülle einfüllen (**Bild 2**). Die Formen leicht schwenken und auf die Arbeitsfläche klopfen, um die Kuvertüre gleichmäßig zu verteilen und Luftblasen herauszubekommen. Mit den im Rezept angegebenen Zutaten bestreuen und fest werden lassen. Das dauert mindestens 4 Std., am besten über Nacht Zeit lassen.

Schokoladenblätter und Schokoladenbruch

Dafür einen großen Gefrierbeutel an zwei Seiten aufschneiden, auseinanderlegen und auf einem Tablett oder Backblech auslegen. Man kann alternativ auch Backpapier verwenden. Die temperierte Kuvertüre (siehe S. 15) wie im jeweiligen Rezept beschrieben auf der Folie verteilen (**Bild 3**) und fest werden lassen. Wenn man Gefrierbeutel als Unterlage verwendet, bekommt die Schokolade übrigens eine besonders schön glänzende Unterseite.

Riegel und Konfekt mit Kuvertüre überziehen

Zum Überziehen Kuvertüre hacken, schmelzen und temperieren (siehe S. 15). Schokoriegel bzw. Konfekt nacheinander mit einer Pralinengabel in die flüssige Kuvertüre tauchen. Ganz untertauchen, damit sie rundherum mit Kuvertüre überzogen werden. Dann aus der Kuvertüre heben und mehrmals ganz knapp mit der Oberfläche der temperierten Kuvertüre in Kontakt bringen, dadurch wird überschüssige Kuvertüre durch die Oberflächenspannung in die Schüssel zurückgesogen (**Bild 1**). Den Schokoriegel. bzw. das Konfekt am Schüsselrand abstreifen und zum Festwerden auf ein mit Backpapier belegtes Tablett oder Blech setzen.

Wichtig: Für das Überziehen immer etwas mehr Kuvertüre vorrätig haben als im Rezept angegeben ist. Denn nicht nur Anfängern passiert es, dass die Kuvertüre beim Temperieren doch zu warm geworden ist und keine weitere ungeschmolzene Kuvertüre zum Runterkühlen mehr vorrätig ist. Oder es kann vorkommen, dass man mit zu viel Kuvertüre überzogen hat und deshalb einfach mehr braucht als gedacht.

Übrige geschmolzene Kuvertüre kann man fest werden lassen und bis zum nächsten Gebrauch aufbewahren. Dafür am besten etwa 1 cm dünn in einem Gefrierbeutel ausstreichen und fest werden lassen. Dann ist die Kuvertüre bei Bedarf schnell und einfach gehackt.

Schokolade und Pralinen verzieren

Schokoladenblättchen und -tafeln, Pralinen, Konfekt und Schokoladenriegel kann man mit getrockneten Blütenblättern, Blattgold, Metallicpulver, Gewürzen, gehackten Nüssen, Keksstückchen oder anderen dekorativen und feinen Zutaten bestreuen und fest werden lassen.

Dattel-Kokos-Würfel

orientalischer Genuss

Für ca. 42 Würfel **200 g entsteinte weiche Datteln** grob hacken. Mit **30 g Kokosflocken** im Blitzhacker sehr fein zerkleinern und in eine Schüssel geben. **1 EL Rum, 1 EL Zitronensaft**, die **fein abgeriebene Schale von ½ Bio-Zitrone** und **¼ TL gemahlenen Ingwer** untermischen. **175 g weiße Kuvertüre** hacken, schmelzen und gleichmäßig unter die Dattelmasse mischen. Ein Brett mit Butterbrotpapier belegen, **20 g Kokosflocken** daraufstreuen und die Dattelmasse darauf zu einem Rechteck von 15 × 18 cm ausformen. Mit **20 g Kokosflocken** bestreuen, festdrücken, mit Folie abdecken und im Kühlschrank über Nacht fest werden lassen. In 2,5 cm große Würfel schneiden und einzeln in Zellophanfolie wickeln.

Marzipan-schnecken

schnell gerollt

Für ca. 60 Schnecken **2 EL Bitterorangenmarmelade** erwärmen und durch ein feines Sieb streichen. **300 g Marzipan** mit **2 EL Kakaopulver** einfärben und mit **3 EL Cointreau** aromatisieren. Weitere 300 g Marzipan pur lassen. Jede Sorte auf einer mit **Puderzucker** bestreuten Fläche zu einem 0,5 cm dicken Rechteck ausrollen und dünn mit Marmelade bestreichen. Aufeinanderlegen und von der Längsseite fest aufrollen. In Folie wickeln und kurz ruhen lassen. **200 g Vollmilch- oder Zartbitterkuvertüre** hacken, schmelzen und temperieren (siehe S. 15). Die Rolle in ca. 7 mm dünne Scheiben schneiden, jede zur Hälfte in die Kuvertüre tauchen und auf Backpapier legen. Mit **kandierten Orangenzesten** bestreuen und fest werden lassen.

Cappuccino-Nougattöpfchen

mit zartem Schmelz

Für ca. 40 Nougattöpfchen **50 g Baiser** in einen Gefrierbeutel geben und diesen verschließen. Mit dem Nudelholz vorsichtig nicht zu fein zerkrümeln. **200 g dunkles Mandel- oder Haselnussnougat** in kleine Würfel schneiden. Weitere **200 g Nougat** in einem Topf auf dem Wasserbad schmelzen. Das Nougat vom Wasserbad nehmen und die Nougatwürfel gut unterrühren, bis das Nougat ganz glatt ist. Dann **2 TL sehr fein gemahlenes Kaffeepulver** unterrühren. Das Nougat in Eiskonfekt-Hülsen (Spezialversand) füllen, mit den Baiserkrümeln bestreuen und fest werden lassen.

Walnuss-Aprikosen-Häppchen

Frucht und Nuss in Bestform

Für ca. 40 Häppchen **80 schöne Walnusskernhälften** bereitlegen. **100 g getrocknete Aprikosen** fein hacken, mit **150 g Marzipanrohmasse** und **30 g Marillenlikör** glatt verkneten. Aus der Mischung 40 Kugeln formen und zwischen je 2 Walnusshälften geben, leicht andrücken. **200 g Zartbitterkuvertüre** hacken, schmelzen und temperieren (siehe S. 15). Die gefüllten Walnusskerne mit einer Pralinengabel je zur Hälfte in die Kuvertüre tauchen, auf Backpapier ablegen und fest werden lassen.

FUDGE, KARAMELLEN UND BONBONS

Wer denkt bei Bonbons nicht an seine Kindheit zurück? An die schönen bunten, klebrigen Lutschbonbons, mit Zitronengeschmack oder Pfefferminze, immer ein bisschen scharfkantig im Mund, aber einfach wunderbar! Doch Bonbons gehen auch noch anders, karamellig, mit zartem Schmelz, oder als duftiges Fudge mit Rosmarin oder Rosenblüten, als Toffees mit Schokolade und Ingwer oder mit Passionsfrucht und Kokos. Kleine Köstlichkeiten zum genussvollen Vernaschen.

Vollmilch-Erdnuss-Fudge

mit Nuss-Knusper
Zubereitung: ca. 50 Min. | fest werden lassen: ca. 12 Std. | Haltbarkeit: ca. 4 Wochen |

Für ca. 40 Stück

50 g gesalzene, geröstete
  Erdnüsse
100 g Vollmilchkuvertüre
  (36 % Kakao)
30 g Butter
250 g Zucker
100 g Sahne

Außerdem:

Rahmen von ca. 13 × 20 cm
Zuckerthermometer
Schüssel mit Eiswasser
Silikonspatel

1 Den Rahmen in der angegebenen Größe auf Backpapier setzen. Die Erdnüsse grob hacken.

2 Die Vollmilchkuvertüre klein hacken und mit der Butter auf dem heißen Wasserbad schmelzen. Zucker, Sahne und die Butter-Kuvertüre-Mischung in einen Topf geben und bei schwacher Hitze erwärmen, bis sich der Zucker aufgelöst hat. Dann auf starke Hitze schalten und die Mischung auf 115° (siehe S. 13) kochen.

3 Den Topf vom Herd nehmen und sofort in der Schüssel mit dem Eiswasser abschrecken, herausnehmen. Die Masse unter gelegentlichem Rühren auf 45°–50° abkühlen lassen. Dann mit einem Silikonspatel kräftig schlagen, bis die Masse dicker wird und eine leicht kristalline Struktur annimmt. Die gehackten Erdnüsse unterrühren.

4 Die Masse in den Rahmen füllen, mit Frischhaltefolie abdecken und bei Zimmertemperatur über Nacht fest werden lassen. Dann in ca. 2 × 3 cm große Stücke schneiden und einzeln in Zellophanfolie wickeln.

Variante – Rosenfudge mit Pistazien

Für 18 Stück | Einen Rahmen (ca. 10 × 20 cm) auf Backpapier setzen. **80 g ungesalzene Pistazienkerne** grob hacken. **300 g Zucker, 100 g Sahne** und **30 g Butter** in einer großen Stielkasserolle unter Rühren erwärmen, bis sich der Zucker aufgelöst hat. **3 – 4 Tropfen rote Lebensmittelfarbe** dazugeben und unterrühren. Die Mischung ohne zu rühren auf 115° kochen (siehe S. 13). Den Topf in Eiswasser abschrecken. **2 Tropfen Rosenöl** (Bioladen oder Apotheke) dazugeben, alles unter gelegentlichem Rühren mit einem Silikonspatel auf 45°–50° abkühlen lassen. Dann mit einem Kochlöffel kräftig schlagen, bis die Masse dicker und leicht kristallin wird. Pistazien unterrühren. Die Masse in den Rahmen füllen und mit Folie abgedeckt über Nacht fest werden lassen. In Stücke schneiden und in Zellophanfolie wickeln. Hält ca. 4 Wochen.

Kaffee-Orangen-Fudge

Für ca. 24 Stück Fudge einen Rahmen von ca. 12 × 20 cm auf Backpapier setzen. **80 g Sahne** erwärmen, **1 ½ EL lösliches Kaffeepulver** darin auflösen. **300 g Zucker, 30 g Butter** und **5 Tropfen natürliches Orangenöl** (Bioladen oder Apotheke) dazugeben. Erwärmen, bis sich der Zucker aufgelöst hat. Hitze erhöhen und die Mischung auf 115° kochen (siehe S. 13). Den Topf sofort in Eiswasser abschrecken, herausnehmen. Die Masse auf 45°–50° abkühlen lassen. Dann mit einem Kochlöffel kräftig schlagen, bis sie dicker und leicht kristallin wird. **40 g gehackte kandierte Orangenschale** unterrühren. In den Rahmen füllen, abgedeckt in ca. 12 Std. fest werden lassen. In Quadrate schneiden und diese einzeln in Zellophanfolie wickeln. Hält ca. 4 Wochen.

Vanillefudge mit Rumrosinen

Für ca. 30 Stück **100 g grob gehackte Rosinen** 2 Tage in **50 g Rum (80 %)** einweichen. Abtropfen lassen und trocken tupfen. Einen Rahmen von ca. 15 × 20 cm auf Backpapier setzen. **400 g Zucker, 150 g Milch, 125 g Butter** und das **Mark von 2 Vanilleschoten** in einer Stielkasserolle unter Rühren erhitzen, bis sich die Zuckerkristalle aufgelöst haben. Ohne Rühren auf 115° kochen (siehe S. 13). Den Topf in Eiswasser abschrecken, herausnehmen. Die Masse auf 45°–50° abkühlen lassen. Dann kräftig schlagen, bis sie dicker und leicht kristallin wird. Die Rumrosinen unterrühren, die Masse in den Rahmen füllen und abgedeckt in ca. 12 Std. fest werden lassen. In Quadrate schneiden und diese einzeln in Zellophanfolie wickeln. Hält ca. 4 Wochen.

Schokoladen-Rosmarin-Fudge

mit Kräuterduft

Für ca. 40 Stück **40 g Rosmarinnadeln** 2 Tage in **100 g Wodka** ziehen lassen. Anschließend durch ein Sieb in eine Flasche füllen. Einen Rahmen von ca. 13 × 20 cm auf Backpapier setzen. **100 g Zartbitterkuvertüre** hacken, mit **30 g Butter** auf dem Wasserbad schmelzen. **250 g Zucker, 100 g Sahne**, 20 g Rosmarinauszug und die Kuvertüremischung erwärmen, bis sich der Zucker aufgelöst hat. Bei starker Hitze auf 115° kochen (siehe S. 13). Den Topf in Eiswasser abschrecken. Die Masse auf 45–50° abkühlen lassen, dann kräftig schlagen, bis sie dicker und leicht kristallin wird, **15 g Kakaonibs** unterrühren. In den Rahmen füllen, abgedeckt in ca. 12 Std. fest werden lassen. In Stücke schneiden und diese einzeln in Zellophanfolie wickeln. Hält ca. 4 Wochen.

Cassis-Sahne-Fudge

mit säuerlicher Note

Für ca. 40 Stück Fudge einen Rahmen von ca. 12 × 20 cm auf Backpapier setzen. **300 g Zucker, 100 g Sahne, 80 g Butter** und **das Mark von 1 Vanilleschote** aufkochen. Die Mischung auf 114° kochen (siehe S. 13). Den Topf sofort in einer Schüssel mit Eiswasser abschrecken, herausnehmen. Die Masse auf 45–50° abkühlen lassen. Dann mit einem Kochlöffel kräftig schlagen, bis die Masse dicker und leicht kristallin wird. **5 g Pulver aus gefriergetrockneten schwarzen Johannisbeeren** (Spezialversand) für eine dekorative Marmorierung nur ganz grob unterrühren. Die Masse in den Rahmen füllen und abgedeckt in ca. 12 Std. fest werden lassen. In Stücke schneiden und diese einzeln in Zellophanfolie wickeln. Hält ca. 4 Wochen.

Schokoladen-Ingwer-Toffees

mit leichter Schärfe
Zubereitung: ca. 50 Min. | fest werden lassen: ca. 8 Std. | Haltbarkeit: ca. 4 Wochen |

Für 40 Stück

160 g Zartbitterkuvertüre
100 g trockener kandierter
  Ingwer
300 g Zucker
50 g Glukosesirup (Spezialversand)
120 g Sahne
80 g Butter

Außerdem:

Rahmen von ca. 16 × 20 cm
Öl für den Rahmen

1 Die Zartbitterkuvertüre fein hacken. Den Ingwer in kleine Stückchen schneiden. Den Rahmen auf Backpapier setzen und innen dünn einölen.

2 Zucker, Glukosesirup und 100 g Wasser in eine Stielkasserolle geben und kochen, bis der Zucker leicht gebräunt ist. Die Sahne gleichzeitig in einem zweiten Topf erhitzen und den Karamell damit portionsweise nach und nach ablöschen. Vorsicht, dabei schäumt es anfangs stark auf!

3 Butter, Kuvertüre und Ingwer unter den Karamell rühren und die Masse in den Rahmen gießen. Mit Folie bedecken und in ca. 8 Std. fest werden lassen. In 40 Stücke schneiden und diese einzeln in Zellophanfolie oder Wachspapier wickeln. Luftdicht verschlossen aufbewahren.

Variante – Weiße Walnuss-Toffees

Für ca. 40 Stück | Einen Rahmen von ca. 16 × 20 cm auf Backpapier setzen und innen dünn einölen. **150 g Walnusskerne** grob hacken. **160 g weiße Kuvertüre** mittelfein hacken. **200 g Zucker** und **80 g Wasser** aufkochen und erhitzen, bis der Zucker leicht bräunt. Dabei den Topfrand mit Pinsel und Wasser sauber halten. Topf vom Herd nehmen. Gleichzeitig **70 g Sahne** mit dem **ausgeschabten Mark von ½ Vanille-**schote erhitzen. Den Karamell damit portionsweise nach und nach ablöschen. Vorsicht, die Mischung schäumt stark auf! **40 g Glukosesirup** unterrühren. Die Kuvertüre unterrühren und schmelzen lassen, dann die gehackten Nüsse untermischen. Die Masse in den Rahmen füllen und abgedeckt in ca. 8 Std. kalt und fest werden lassen. In Stücke schneiden und einzeln in Zellophanfolie wickeln. Hält ca. 4 Wochen.

Passionsfrucht-Kokos-Toffees

exotisch und fein säuerlich
Zubereitung: ca. 50 Min. | fest werden lassen: ca. 8 Std. | Haltbarkeit: ca. 4 Wochen |

Für ca. 30 Stück

250 g Kokosflocken
300 g Zucker
150 g Passionsfruchtmark
   (selbst gemacht oder Spezialversand)
30 g Glukosesirup (Spezialversand)
120 g Butter

Außerdem:

Silikonform mit ca. 3 cm großen
   Halbkugeln
Traubenkernöl für die Form
Zuckerthermometer
sauberer Backpinsel

1   Die Silikonform mithilfe von Küchenpapier mit dem Traubenkernöl hauchdünn einölen.

2   Den Zucker mit dem Passionsfruchtmark und dem Glukosesirup in eine Stielkasserolle geben und alles langsam
erwärmen, bis sich die Zuckerkristalle aufgelöst haben.

3   Die Butter in Stückchen dazugeben und unterrühren. Auf
starke Hitze schalten und die Mischung auf 132° kochen
(siehe S. 13), mit dem Zuckerthermometer die Temperatur
überprüfen! Zwischendurch immer wieder den Topfrand
mit einem Pinsel und Wasser säubern.

4   Die Toffeemasse in die Mulden der Silikonform füllen und
in ca. 8 Std. erkalten und fest werden lassen. Die Kokosflocken in einer beschichteten Pfanne ohne Fett unter Wenden goldgelb rösten, zum Abkühlen auf einen Teller geben.
Die Toffees aus den Mulden lösen und in den gerösteten
Kokosflocken wälzen. Einzeln in Zellophanfolie wickeln
und luftdicht verschlossen in einer Dose aufbewahren.

Variante – Thymian-Zitronen-Toffees

Für ca. 35 Stück | Einen Rahmen von
ca. 14 × 20 cm auf Backpapier setzen und innen dünn einölen. **300 g Zucker, 50 g Wasser,
40 g Zitronensaft**, die **fein abgeriebene Schale
von 1 Bio-Zitrone** und **3 Zweige frischen Thymi-
an** in einer Stielkasserolle erwärmen, bis sich die
Zuckerkristalle aufgelöst haben. Die Mischung
über Nacht ziehen lassen. Durch ein feines Sieb
gießen, **70 g Butter** dazugeben und bei mittlerer
Hitze auf 120° kochen (siehe S. 13). Dabei den
Topfrand mit Pinsel und Wasser sauber halten.
Den Topf in Eiswasser abschrecken. **230 g fein
gehackte weiße Kuvertüre** dazugeben und unter
Rühren schmelzen. Die Masse vorsichtig in den
Rahmen füllen und in ca. 8 Std. kalt und fest
werden lassen. In 35 ca. 3 × 3 cm große Stücke
schneiden und diese einzeln in Zellophanfolie
wickeln. Hält ca. 4 Wochen.

Himbeer-Pfeffer-Toffees

mit natürlicher Färbung
Zubereitung: ca. 50 Min. | fest werden lassen: ca. 8 Std. | Haltbarkeit: ca. 4 Wochen |

Für 30 Stück

300 g Zucker
100 g Himbeermark (selbst
 gemacht oder Spezial-
 versand)
150 g Butter
30 g Glukosesirup (Spezialversand)
¾ EL grob zerstoßener bunter
 Pfeffer

Außerdem:

Rahmen von ca. 20 × 20 cm
Öl für den Rahmen
Zuckerthermometer
sauberer Backpinsel
Schüssel mit Eiswasser

1 Den Rahmen auf Backpapier setzen und innen dünn einölen. Den Zucker mit dem Himbeermark, der Butter und dem Glukosesirup in eine Stielkasserolle geben. Alles langsam erwärmen, bis sich die Zuckerkristalle aufgelöst haben.

2 Die Hitze hochschalten und die Himbeermasse auf 132° kochen (siehe S. 13), die Temperatur mit dem Zuckerthermometer kontrollieren! Zwischendurch immer wieder den Topfrand mit Pinsel und Wasser säubern.

3 Ist die Temperatur erreicht, den Topfboden zum Beenden des Kochvorgangs kurz in Eiswasser abschrecken. Dann den Pfeffer unter die Toffeemasse rühren.

4 Die Masse in den Rahmen füllen und in ca. 8 Std. kalt und fest werden lassen. In ca. 30 Stücke schneiden. Die Toffees einzeln in Zellophanfolie wickeln.

Variante – Espresso-Sahne-Toffees

Für ca. 36 Stück | Einen Rahmen von ca. 20 × 20 cm auf Backpapier setzen und innen dünn einölen. **1 EL Espressobohnen** im Blitzhacker mittelfein hacken. **80 g Zartbitterkuvertüre** fein hacken. **100 g Sahne** erwärmen und **1 EL löslichen Kaffee** darin auflösen. **200 g Zucker**, **30 g Glukosesirup** und **80 g Butter** dazugeben und alles unter Rühren erwärmen, bis sich die Zuckerkristalle aufgelöst haben. Dabei den Topfrand mit Pinsel und Wasser sauber halten, damit der Zucker nicht auskristallisiert. Die Herdplatte hochschalten und die Masse ohne Rühren auf 130° kochen (siehe S. 13). Den Topf vom Herd nehmen, Kuvertüre und Kaffeebohnen hinzufügen und rühren, bis die Kuvertüre geschmolzen ist und sich alle Zutaten gut vermischt haben. Die Toffeemasse in den Rahmen füllen und in ca. 8 Std. kalt und fest werden lassen. In Stücke schneiden und einzeln in Zellophanfolie wickeln. Hält ca. 4 Wochen.

Pinienkern-karamellen

mit Vanillearoma

Einen Rahmen von ca. 16 × 20 cm auf Back-papier setzen und innen einölen. Für 40 Kara-mellen **70 g Pinienkerne** ohne Fett goldbraun rösten, auf einen Teller geben. **250 g Zucker**, **250 g Sahne**, **30 g Butter**, **30 g Honig** und **30 g Glukosesirup (Spezialversand)** in einer großen Stielkasserolle unter Rühren erwär-men, bis sich die Zuckerkristalle aufgelöst haben. **1 Vanilleschote** ausschaben, das Mark und die Schote unterrühren. Die Masse auf 135° kochen (siehe S. 13), dann den Topfboden sofort abschrecken. Die Vanilleschote heraus-nehmen, die Pinienkerne unterrühren. Alles in den Rahmen füllen und lauwarm abküh-len lassen. In ca. 2 × 4 cm große Karamellen schneiden. Abkühlen lassen, einzeln in Zello-phanfolie wickeln. Hält ca. 4 Wochen.

Honig-Mohn-Karamellen

knackige Lutschbonbons

Einen Rahmen von ca. 14 × 20 cm auf Back-papier setzen und innen dünn einölen. Für 35 Karamellen **50 g Mohn** fein mahlen und **80 g Pekannusskerne** mittelfein hacken. **200 g Honig** und **40 g Zucker** bei schwacher Hitze erwärmen, bis sich der Zucker aufgelöst hat. Den Mohn dazugeben und unterrühren. Die Hitze erhöhen und alles auf 135° kochen (siehe S. 13). Sobald die Temperatur erreicht ist, den Topfboden in Eiswasser abschrecken. Die Pecannüsse unter die Honigmasse rühren und die Mischung in den Rahmen gießen. Zunächst nur lauwarm abkühlen lassen und in 35 Stücke schneiden. Die Stücke vollständig abkühlen lassen. Die Karamellen einzeln in Zellophanfolie wickeln. Hält kühl und luft-dicht verpackt ca. 4 Wochen.

Karamellen mit Fleur de Sel

mit feinen Kontrasten

Einen Rahmen von 14 × 20 cm auf Backpapier setzen und innen dünn einölen. Für ca. 24 Karamellen **300 g Zucker** mit **100 g Wasser**, **50 g Glukosesirup (Spezialversand)** und **½ TL Fleur de Sel** in einer Stielkasserolle erwärmen, bis sich die Zuckerkristalle aufgelöst haben. Bei starker Hitze kochen, bis der Zucker goldgelb karamellisiert ist (siehe S. 13). In einem zweiten Topf **100 g Wasser** aufkochen, den Karamell damit ablöschen. Vorsicht – dabei steigt Dampf auf! **120 g Butter** und das **Mark von ½ Vanilleschote** dazugeben und alles auf 135° kochen. Den Topfboden in Eiswasser abschrecken, die Masse in den Rahmen gießen. Lauwarm abkühlen lassen, in Stücke schneiden, ganz abkühlen lassen und einzeln in Zellophanfolie wickeln. Hält ca. 4 Wochen.

Ananas-Kokos-Karamellen

exotisch- fruchtig

Einen Rahmen von ca. 18 × 20 cm auf Backpapier setzen und innen dünn einölen. Für ca. 50 Karamellen **100 g Sahne**, **300 g Ananassaft**, **100 g Kokosmilch**, **100 g Passionsfruchtmark**, **500 g Zucker**, den **Saft von ½ Limette**, **120 g Butter** und **100 g Glukosesirup (Spezialversand)** in einer großen Stielkasserolle unter Rühren erwärmen, bis sich der Zucker aufgelöst hat. Die Hitze erhöhen, nicht mehr rühren und den Topfrand mit Pinsel und Wasser sauber halten. Die Masse auf 135° kochen (siehe S. 13), den Topfboden kalt abschrecken. **70 g Kokosflocken** vorsichtig untermischen. In den Rahmen gießen und lauwarm abkühlen lassen. In ca. 2 × 3 cm große Karamellen schneiden, ganz abkühlen lassen und einzeln in Zellophanfolie wickeln. Hält ca. 4 Wochen.

Orangenkaramellen
mit Pistazien

Orange-Nuss-Genuss
Zubereitung: ca. 50 Min. | fest werden lassen: ca. 5 Std. | Haltbarkeit: ca. 4 Wochen |

Für ca. 25 Stück

200 g weiße Kuvertüre
1 große Bio-Orange
250 g Zucker
1 EL Zitronensaft
30 g geschälte Pistazienkerne
3 – 4 Tropfen natürliches
  Orangenöl (nach Belieben,
  Bioladen oder Apotheke)

Außerdem:

Rahmen von ca. 15 × 20 cm
Öl für den Rahmen
sauberer Backpinsel

1 Den Rahmen auf Backpapier setzen und dünn einölen. Die Kuvertüre hacken. Die Orange heiß waschen und abtrocknen. Die Schale ohne die bittere weiße Haut fein abreiben und den Saft auspressen. 70 g Orangensaft abwiegen, in einem kleinen Topf erhitzen und zugedeckt warm stellen.

2 Den Zucker mit 70 g Wasser und dem Zitronensaft bei schwacher Hitze erwärmen, bis sich der Zucker aufgelöst hat. Dabei den Topfrand mit Pinsel und Wasser sauber halten. Sobald die Mischung kocht, nicht mehr rühren. Die Zuckermischung kochen, bis ein goldgelber Karamell entstanden ist (siehe S. 13).

3 Die Zuckermischung vom Herd nehmen, nach und nach in drei Portionen mit dem Orangensaft ablöschen. Vorsicht, es schäumt dabei stark auf! Den Topf wieder auf den Herd setzen und das Ganze noch ca. 1 Min. kochen.

4 Die Karamellmasse vom Herd nehmen, Kuvertüre und Orangenschale glatt unterrühren. Pistazienkerne und nach Belieben ein paar Tropfen Orangenöl dazugeben, unterrühren und alles in den vorbereiteten Rahmen füllen. Mit Frischhaltefolie abdecken und die Masse in ca. 5 Std. erkalten und fest werden lassen. Dann in ca. 3 × 4 cm große Stücke schneiden und einzeln in Zellophanfolie wickeln.

Pfefferminz-Seidenkissen

für Fortgeschrittene
Zubereitung: ca. 50 Min. | Haltbarkeit: ca. 4 Wochen |

Für ca. 350 g Bonbons

2 g Weinsteinsäure (Apotheke)
300 g Zucker
60 g Glukosesirup (Spezialversand)
6 Tropfen natürliches Pfefferminzöl (Bioladen oder
   Apotheke)
4 – 6 Tropfen grüne Lebensmittelfarbe

Außerdem:

eine Marmorplatte oder eine
   faserverstärkte Silikonbackmatte
1 – 2 breite Spachtel
Küchenschere
Öl zum Arbeiten
Zuckerthermometer
sauberer Backpinsel
Schüssel mit Eiswasser
1 – 2 Msp. Talkumpuder
   (Spezialversand)

1 Die Weinsteinsäure in 1 TL warmem Wasser auflösen. Marmorplatte, Spachtel und Küchenschere leicht einölen. Den Zucker mit 120 g Wasser in eine Stielkasserolle geben und aufkochen, bis sich alle Zuckerkristalle aufgelöst haben.

2 Den Glukosesirup dazugeben und die Mischung auf 120° kochen (siehe S. 13). Pfefferminzöl und Lebensmittelfarbe unterrühren. Zwischendurch den Topfrand immer wieder mit Pinsel und Wasser säubern. Die Zuckermischung auf 140° – 145° zum harten Bruch kochen (siehe S. 13). Den Topfboden sofort in Eiswasser abschrecken. Die Weinsteinsäure dazugeben und 2 – 3 Min. einwirken lassen.

3 Die Zuckermischung auf die Marmorplatte oder Silikonbackmatte gießen. Ca. 1 Min. ruhen lassen, dann die Ränder der Masse mit den Spachteln oder den Seiten der Silikonbackmatte immer wieder zur Mitte hin einschlagen (**Bild 1**), bis sie soweit abgekühlt ist, dass man sie anfassen kann. Sofort zu einem Strang formen.

4 Den Zuckerstrang an den Enden anfassen und auseinanderziehen (**Bild 2**). Wieder zusammenlegen, dabei drehen. Wieder von vorne beginnen und den Strang so oft auseinanderziehen und zusammenlegen, bis die Zuckermasse einen seidigen Glanz hat.

5 Den Strang ca. 2 cm dünn ausziehen und mit der eingeölten Schere in kissenförmige Bonbons schneiden. Dabei den Strang jedes Mal um 90 Grad drehen, damit eckige Bonbonkissen entstehen (**Bild 3**). Die Bonbons dünn in Talkumpuder wenden (dazu die Bonbons mit dem Puder in einen Gefrierbeutel geben). Dann einzeln in Zellophanfolie verpacken.

Kirschbonbons
mit Tonkabohne

mit feinem Aroma
Zubereitung: ca. 50 Min. | Haltbarkeit: ca. 4 Wochen |

Für ca. 350 g Bonbons

1 Tonkabohne
25 g gefriergetrocknetes
  Kirschpulver (Spezialversand)
2 g Weinsteinsäure (Apotheke)
300 g Zucker
60 g Glukosesirup (Spezialversand)
4 – 6 Tropfen rote Lebensmittelfarbe

Außerdem:

Zuckerthermometer
sauberer Backpinsel
Schüssel mit Eiswasser
eine Marmorplatte oder
  faserverstärkte Silikonbackmatte
Öl zum Arbeiten
1 – 2 breite lebensmittel-
  taugliche Spachtel
Küchenschere
1 – 2 Msp. Talkumpuder

1 Die Tonkabohne fein reiben und mit dem Kirschpulver vermischen. Die Weinsteinsäure in einem Schälchen in 1 TL warmem Wasser auflösen.

2 Den Zucker mit 120 g Wasser in eine Stielkasserolle geben, aufkochen und rühren, bis sich alle Zuckerkristalle aufgelöst haben. Den Glukosesirup unterrühren. Die Zuckermischung ohne Rühren auf 120° kochen (siehe S. 13), dabei mit Pinsel und Wasser den Topfrand sauber halten.

3 Die Lebensmittelfarbe unter die heiße Zuckermasse rühren und auf 145° (siehe S. 13) kochen. Den Topfboden sofort in Eiswasser tauchen und die Weinsteinsäure ohne Rühren in die Zuckermasse einlaufen lassen. 2 – 3 Minuten wirken lassen, dann die Masse auf die eingeölte Marmorplatte oder die Silikonmatte gießen.

4 Ca. 1 Min. abkühlen lassen, dann die Zuckermasse mit dem eingeölten Spachtel oder den Mattenrändern immer wieder nach innen schlagen, bis sie fester wird und so weit abgekühlt ist, dass man sie anfassen kann.

5 Die Masse flach drücken, die Kirschpulvermischung darüberstreuen und leicht einkneten. Zu einem Strang formen und so oft auseinanderziehen und wieder zusammenlegen, bis sich das Kirschpulver verteilt hat und die Masse seidig glänzt. Den Strang mit der eingeölten Schere in Bonbons schneiden und nach Belieben in Talkumpuder wenden (dazu die Bonbons mit dem Puder in einen Gefrierbeutel geben). Anschließend einzeln in Zellophanfolie einpacken und luftdicht aufbewahren.

Zitronenlutscher
mit Macadamianüssen und Pfeffer

extravagant
Zubereitung: ca. 50 Min. | Haltbarkeit: ca. 1 Woche |

Für 20 Stück

Für die Zitronenschale:

1 Bio-Zitrone
100 g Zucker

Für die Lutscher:

100 g ungesalzene Macadami-
    anusskerne
3 g Zitronensäure (Apotheke)
200 g Zucker
2 – 3 Tropfen gelbe Lebensmit-
    telfarbe
30 g Glukosesirup (Spezial-
    versand)
1 TL rosa Pfeffer, fein zerdrückt

Außerdem:

Zuckerthermometer
sauberer Backpinsel
Schüssel mit Eiswasser
eine große Marmorplatte oder
    eine faserverstärkte Silikon-
    backmatte
Öl zum Arbeiten
20 Lutscherstiele aus Holz oder
    gepresstem Papier

1 Für die kandierte Zitronenschale die Zitrone heiß waschen, abtrocknen und mit dem Zestenreißer feine Streifen von der Schale abziehen. Zitrone anderweitig verwenden. In einer kleinen Kasserolle 150 g Wasser aufkochen, die Zesten hineingeben und einmal aufkochen. Abgießen. Diesen Vorgang noch zweimal wiederholen.

2 Den Zucker mit 70 g Wasser kochen, bis er sich aufgelöst hat. Die Zitronenzesten im Zuckersirup ca. 5 Min. köcheln lassen, abgießen und abtropfen lassen. Zwischen mehreren Lagen Küchenpapier trocken tupfen.

3 Für die Lutscher die Macadamianüsse grob hacken. Die Zitronensäure in 1 TL warmem Wasser auflösen. Den Zucker mit 70 g Wasser auf 120° kochen (siehe S. 13). Dabei den Topfrand mit Pinsel und Wasser sauber halten. Lebensmittelfarbe und Glukosesirup unterrühren. Alles auf 150° kochen, dann den Topfboden sofort in Eiswasser abschrecken.

4 Die Zuckermischung kurz stehen lassen, dann die Zitronensäure unterrühren. 20 kleine Tupfen der Zuckermischung mit einem Löffel mit genügend Abstand zueinander auf die eingeölte Marmorplatte oder Backmatte verteilen. Die Enden der Lutscherstiele hineindrücken und mit der restlichen Zuckermischung 20 Kreise von ca. 3 cm Durchmesser auf die Stielenden verteilen.

5 Die Lutscher noch heiß mit Nüssen, Zitronenzesten und rosa Pfeffer bestreuen, leicht eindrücken. Abkühlen und fest werden lassen. Luftdicht verschlossen aufbewahren.

Fondantstangen mit Kokos

für Geübte
Zubereitung: ca. 1 Std. | ruhen und trocknen lassen: ca. 12 + 3 Std. | Haltbarkeit: ca. 2 Wochen |

Für ca. 40 Stück

500 g Zucker
50 g Glukosesirup (Spezialversand)
150 g Kokosflocken
1 TL dunkles Kakaopulver
1 TL gefriergetrocknetes Kirschpulver (Spezialversand)
1 TL gefriergetrocknetes
Passionsfruchtpulver
(Spezialversand)

Außerdem:

sauberer Backpinsel
eine größere Marmorplatte
oder eine faserverstärkte
Silikonbackmatte
2 Spachtel
Öl zum Arbeiten
Schüssel mit Eiswasser
Puderzucker zum Arbeiten

1 Den Zucker mit 150 g Wasser in einer Stielkasserolle erhitzen, bis er sich aufgelöst hat. Den Glukosesirup unterrühren. Den Topfrand mit Pinsel und Wasser sauber halten.

2 Marmorplatte und Spachtel mit Öl bestreichen. Die Zuckermischung auf 116° kochen (siehe S. 13), den Topf in Eiswasser abschrecken. Den Zuckersirup auf die Marmorplatte
oder Silikonbackmatte gießen und 3–4 Min. abkühlen
lassen. Die Ränder der Zuckermasse mit den eingeölten
Spachteln immer wieder nach innen einschlagen, bis der
Sirup zähflüssig wird (**Bild 1**). Dann die Masse mit einem
eingeölten Holzkochlöffel kräftig zusammenkneten, bis sie
weiß und fest wird (**Bild 2**).

3 Das Fondant ca. 5 Min. mit den Händen kneten, bis es glatt
und weich ist (**Bild 3**). Mit eingeölten Händen zu einer Kugel formen, auf einen eingeölten Teller legen und mit Folie
abgedeckt ca. 12 Std. ruhen lassen.

4 120 g Kokosflocken in einer beschichteten Pfanne ohne Fett
goldgelb rösten, auf einen Teller geben. Fondant dritteln. In
eine Portion 10 g ungeröstete Kokosflocken und den Kakao
einkneten, in die zweite 10 g ungeröstete Kokosflocken und
das Kirschpulver, in die dritte die übrigen ungerösteten Kokosflocken und das Passionsfruchtpulver.

5 Jede Portion auf der mit Puderzucker bestreuten Arbeitsfläche zu einer Rolle formen und in 15 Stücke teilen. Jedes
Stück zu einer ca. 1 cm dicken, 12 cm langen Stange rollen.
Die Stangen in den gerösteten Kokosflocken wälzen. Wenn
sie nicht haften, die Arbeitsfläche leicht anfeuchten und die
Stangen einmal darüberrollen. Auf Backpapier ca. 3 Std.
trocknen lassen. In einer Dose aufbewahren.

MARZIPAN, KROKANT UND FRÜCHTE

Naschen Sie gebrannte Mandeln, Zwetschgenkonfekt, türkisches Lokum mit Pistazienkernen, Müsliriegel und Aprikosen-Fruchtschnitten! Für ihre Süße – mal mehr, mal weniger – sorgen getrocknete Früchte, Honig und Agavendicksaft, für Biss und eine herzhafte Note knackige Nüsse. Süßigkeiten für alle, die es gerne ein bisschen fruchtig mögen.

Pistazienmarzipan

unkompliziert
Zubereitung: ca. 40 Min. | Haltbarkeit: ca. 2 Wochen |

Für ca. 500 g Marzipan

200 g Mandeln
100 g geschälte, ungesalzene
 Pistazienkerne
150 g Puderzucker
50 g Glukosesirup (Spezialversand)
20 g Kirschwasser
Kristallzucker zum Wenden

1 Den Backofen auf 160° Umluft vorheizen und ein Back-blech mit Backpapier belegen. Die Mandeln in einen klei-nen Topf geben und mit Wasser bedecken. Das Wasser aufkochen, den Topf vom Herd nehmen und die Mandeln abgießen. Die Mandelkerne aus den Häutchen schnipsen (**Bild 1**) und auf das Backblech legen. Im heißen Ofen ca. 5 Minuten trocknen, ohne sie dabei zu rösten. Heraus-nehmen und abkühlen lassen.

2 Mandeln und Pistazienkerne mischen und in der Mandel-mühle fein mahlen. Oder im Blitzhacker zuerst nur grob mahlen, dann mit dem Puderzucker vermischen und ganz fein mahlen, auf diese Weise wird die Masse nicht ölig.

3 Mandeln, Pistazien, Puderzucker, Glukosesirup und Kirschwasser in einer Schüssel mit den Händen zu einem geschmeidigen Teig kneten (**Bild 2**). Das Marzipan zu Kon-fekt weiterverarbeiten wie unten beschrieben. Oder wenn es schnell gehen soll, das Marzipan auf Puderzucker ca. 1 cm dick ausrollen und möglichst kleine, hübsche Ornamente ausstechen, in Kristallzucker wenden (**großes Bild**). In ei-ner Blechdose mit Butterbrotpapier getrennt aufbewahren.

Auch clever

Für ein helles, **klassisches Marzipan aus Mandeln** anstelle der Pistazienkerne weitere 100 g geschälte Mandelkerne ver-wenden. Das Kirschwasser durch Rosenwasser ersetzen.

Clever variieren

Für Pistazienmarzipan-Pralinen das Pistazienmarzipan auf der leicht mit Puderzucker bestreuten Arbeitsfläche ca. 1 cm dünn ausrollen und in Quadrate schneiden. **400 g Zartbitterkuvertüre** hacken, schmelzen und temperieren (siehe S. 15). Die Marzipanquadrate mit einer Pralinengabel in die flüssige Kuvertüre tauchen, am Schüssel-rand abstreifen und auf Backpapier setzen. Jede Praline sofort mit einem **Pistazienkern** garnieren. Die Kuvertüre fest werden lassen. Die Pralinen halten bei Zimmertemperatur ca. 2 Wochen.

Karamellisierte Mandeln mit Fleur de Sel

knusprig und aromatisch
Zubereitung: ca. 50 Min. | Haltbarkeit: ca. 3 Wochen |

Für ca. 350 g

300 g Mandeln
85 g Zucker
1 EL Traubenkernöl
½ TL Fleur de Sel

1 Den Backofen auf 160° Umluft vorheizen und ein Backblech mit Backpapier belegen. Die Mandeln in einen kleinen Topf geben und mit Wasser bedecken. Das Wasser einmal aufkochen, dann die Mandeln abgießen. Die Mandelkerne aus den Häutchen schnipsen und auf das Backblech legen. Im heißen Ofen ca. 5 Min. trocknen, ohne sie dabei zu rösten. Herausnehmen und abkühlen lassen.

2 In einer großen Stielkasserolle den Zucker mit 80 g Wasser unter Rühren erhitzen, bis sich die Zuckerkristalle aufgelöst haben. Die Mandeln dazugeben und unter ständigem Rühren ca. 3 Min. kochen, bis alle Mandeln mit Zucker überzogen sind und der Zucker auskristallisiert ist.

3 Die Mandeln unter ständigem Rühren kochen, bis der Zucker schmilzt und etwas Farbe annimmt. Die Kasserolle von der Herdplatte nehmen.

4 Das Traubenkernöl über die heißen Mandeln träufeln und unter langsamem Rühren gleichmäßig verteilen. Das Fleur de Sel in Prisen über die Mandeln streuen und ebenfalls gleichmäßig untermischen. Die Mandeln auf ein mit Backpapier belegtes Backblech geben, voneinander trennen und abkühlen lassen. Luftdicht verschlossen aufbewahren.

Clever variieren

Für 400 g gebrannte Mandeln
90 g Zucker und ¼ TL gemahlenen Zimt in eine große Stielkasserolle geben, 80 g Wasser hinzufügen. Unter Rühren erwärmen, bis sich die Zuckerkristalle aufgelöst haben. 300 g Mandeln mit Haut dazugeben und unter Rühren kochen, bis der Zucker vollständig auskristallisiert ist. Die Mandeln auf ein mit Backpapier belegtes Blech schütten, abkühlen lassen und luftdicht aufbewahren.

Nusskrokant mit Szechuanpfeffer

extravagant | *Zubereitung: ca. 30 Min.* | *Haltbarkeit: ca. 1 Woche* |

Für ca. 600 g Krokant

¾ TL Szechuanpfeffer
100 g ungesalzene
  Macadamianusskerne
100 g Pekannusskerne
300 g Zucker
1 EL Zitronensaft
100 g gehäutete Mandeln

1 Ein Backblech mit Backpapier belegen. Den Szechuanpfeffer im Mörser fein zerkleinern. Die Kerne beider Nusssorten mit einem Messer halbieren.

2 Den Zucker mit 80 g Wasser und dem Zitronensaft in einer großen Stielkasserolle zum Kochen bringen. Bei mittlerer Hitze kochen, bis der Zucker etwas Farbe annimmt.

3 Den Topf vom Herd nehmen, die halbierten Nüsse, die Mandeln und den Pfeffer unterrühren. Die Mischung auf das Backblech schütten und mithilfe von zwei Pfannenwendern in Stücke teilen. Die Krokantstücke abkühlen lassen und luftdicht verpackt aufbewahren.

Clever variieren

Für **große Krokantstücke** als Garnierung 100 g Zucker mehr verwenden. Wenn die Nüsse auf dem Blech sind, nur ein bisschen auseinanderziehen und verteilen, sodass der Karamell noch zusammenhängt. Nach dem Erkalten kann man ihn in Stücke brechen.

Sesamkrokant mit Honig

honigsüß | *Zubereitung: ca. 30 Min.* | *Haltbarkeit: ca. 1 Woche* |

Für ca. 250 g Krokant

100 g geschälte Sesamsamen
20 g gehäutete, fein
  gemahlene Mandeln
80 g Zucker
50 g Honig
1 TL Zitronensaft

1 Ein Backblech mit Backpapier belegen. Die Sesamsamen in einer beschichteten Pfanne ohne Fett leicht anrösten. Die gemahlenen Mandeln dazugeben und kurz mitrösten. Die Pfanne von der Herdplatte nehmen und beiseitestellen.

2 Den Zucker mit Honig, Zitronensaft und 80 g Wasser in eine große Stielkasserolle geben und zum Kochen bringen. Kochen lassen, bis der Zucker etwas Farbe annimmt. Die Sesam-Mandel-Mischung glatt unterrühren, bis der Sesam goldbraun wird und fein duftet. Das Ganze auf das Backblech schütten, mit Backpapier bedecken und mit dem Nudelholz 1–2 mm dünn ausrollen.

3 Etwas abkühlen lassen, das Backpapier entfernen und den Krokant in Stücke schneiden. Oder komplett erkalten lassen und in Stücke brechen. Luftdicht verpackt aufbewahren.

Feigen-Dattel-Energy-Balls

pfeffrig und süß

Für ca. 16 Stück **100 g Rosinen** 30 Min. in schwarzem Tee einweichen, abtropfen lassen. **150 g getrocknete Feigen** und **100 g getrocknete Datteln** in Stücke schneiden. Mit **100 g kernigen Haferflocken** im Blitzhacker fein zerkleinern. In eine Schüssel geben, Rosinen, **1 EL flüssigen Honig**, **1 TL abgeriebene Bio-Orangenschale**, **3 TL Zitronensaft** und **1 gute Prise schwarzen Pfeffer** dazugeben. Mit den Händen glatt verkneten und kurz ruhen lassen. 100 g zarte Haferflocken in einer Pfanne mit 50 g Butter goldgelb rösten, abkühlen lassen und auf einen Teller geben. Aus der Masse 16 Kugeln formen und in den gerösteten Haferflocken wälzen. Mit Folie abgedeckt im Kühlschrank ca. 1 Woche haltbar.

Cranberry-Energy-Balls

fruchtig und vegan

Für ca. 16 Stück **150 g getrocknete Cranberrys**, **100 g gemahlene Erdmandeln** (Bioladen oder Reformhaus) und **100 g zarte Haferflocken** im Blitzhacker fein zerkleinern. In eine Schüssel geben. **2 EL gehäutete, gehackte Mandeln** in einer Pfanne ohne Fett hellbraun rösten, dazugeben. **3 – 4 EL Agavendicksaft**, **1 EL Zitronensaft**, **50 – 100 ml Orangensaft**, **1 TL abgeriebene Bio-Zitronenschale** und **1 gute Prise Ingwerpulver** dazugeben. Alle Zutaten mit den Händen zu einem klebrigen Teig verkneten und daraus 16 Kugeln formen. **50 g getrocknete Cranberrys** fein hacken und auf einen Teller geben. Die Energy-Balls darin wälzen. Mit Folie abgedeckt im Kühlschrank ca. 1 Woche haltbar.

Pflaumen-Walnuss-Fruchtschnitten

Energiespender

Für ca. 40 Stück **200 g softe, entsteinte, ungeschwefelte Trockenpflaumen** in Stücke schneiden. Mit **30 g Orangeat** und **50 g Walnusskernen** im Blitzhacker fein zerkleinern und in eine Schüssel füllen. **2 EL Agavendicksaft, 1 EL Zitronensaft, ¼ TL gemahlenen Zimt, 50 g grob gehackte Walnusskerne** und **1 EL feine Haferflocken** dazugeben. Mit den Händen zu einer homogenen Paste verarbeiten. Ist sie zu trocken, 1–2 EL Orangensaft unterarbeiten. Die Paste gut 2 cm dick auf 2 große Oblaten (12 × 20 cm) streichen und mit 2 Oblaten abdecken. Mit einem Küchentuch zugedeckt über Nacht trocknen lassen. In ca. 2 × 6 cm große Schnitten schneiden. Hält im Kühlschrank 4–5 Tage.

Mango-Aprikosen-Fruchtschnitten

exotisch-fein

Für ca. 40 Stück **100 g getrocknete Mango** ca. 30 Min. in warmem Wasser einweichen. Abtropfen lassen und klein schneiden. **150 g getrocknete Aprikosen** in Streifen schneiden. Mit **50 g fein gemahlenen Mandeln** im Blitzhacker fein zerkleinern. In eine Schüssel geben. **80 g geröstete Mandelstifte, 100 g Marzipanrohmasse, ¼ TL abgeriebene Bio-Zitronenschale, 80 g Agavendicksaft, 2 EL Zitronensaft** und **2 EL zarte Haferflocken** dazugeben. Mit den Händen zu einer glatten Masse verarbeiten und dieses ca. 2 cm dick auf 2 große Oblaten streichen, mit 2 Oblaten abdecken. Mit einem Küchentuch zugedeckt über Nacht trocknen lassen. In ca. 2 × 6 cm große Schnitten teilen. Hält im Kühlschrank 4–5 Tage.

Kernige Müsliriegel

auch für Anfänger
Zubereitung: ca. 40 Min. | Backen: ca. 50 Min. | Haltbarkeit: ca. 3 Wochen |

Für ca. 35 Stück

70 g geröstete, gesalzene
  Cashewkerne
80 g getrocknete Aprikosen
120 g Butter
125 g kernige Haferflocken
125 g zarte Haferflocken
150 g Honig
25 g Sesamsamen
30 g Rosinen
1 TL fein abgeriebene
  Bio-Orangenschale
3 EL Milch
1 EL Mehl
¼ TL Natron
¼ TL gemahlener Zimt
gemahlene Muskatblüte
  (Macis)

1 Die Cashewkerne mit warmem Wasser abspülen, zwischen zwei Lagen Küchenpapier trocken tupfen und grob hacken. Den Backofen auf 120° (Umluft) vorheizen. Die Aprikosen längs halbieren und in schmale Streifen schneiden.

2 Die Butter in einer beschichteten Pfanne erhitzen und beide Haferflockensorten darin goldbraun rösten. Vom Herd nehmen und abkühlen lassen. Honig, gehackte Cashewkerne, Sesam, Aprikosen, Rosinen, Orangenschale, Milch, Mehl, Natron, Zimt und 1 gute Prise Muskatblüte hinzufügen. Alle Zutaten gründlich verkneten.

3 Die Müslimischung auf das Backpapier geben. Mit leicht angefeuchteten Händen gleichmäßig ca. 1 cm hoch auf eine Größe von ca. 25 × 25 cm verteilen und etwas zusammenpressen. Im Ofen (Mitte) in 45 – 55 Min. goldbraun backen. Herausnehmen und abkühlen lassen.

4 Die Müsliplatte in 35 Riegel schneiden und auf einem Kuchengitter auskühlen lassen. Mit Butterbrotpapier getrennt in eine luftdicht schließende Dose schichten.

Variante – Kürbiskern-Müsliriegel

Für 35 Stück | **100 g getrocknete Aprikosen** und **100 g getrocknete, entsteinte Datteln** in schmale Streifen schneiden. **250 g kernige Haferflocken** in **120 g Butter** anrösten. **150 g Honig** untermischen. Vom Herd nehmen, Aprikosen- und Dattelstücke, **2 EL Sahne**, **100 g Kürbiskerne**, **100 g Haselnusskerne**, **3 EL Milch**, **1 EL Mehl**, **¼ TL Natron** und **je 1 gute Prise Zimt und Ingwer** untermischen. Auf ein mit Backpapier belegtes Blech geben, mit eingeölten Händen festdrücken und im 120° (Umluft) heißen Ofen ca. 50 Min. backen. Herausnehmen, in 35 Riegel schneiden und auf einem Kuchengitter erkalten lassen. Hält ca. 3 Wochen.

Rice-Crisp-Banana-Bars

unkompliziert
Zubereitung: ca. 35 Min. | fest werden lassen: ca. 5 Std. | Haltbarkeit: ca. 3 Tage |

Für 25 Stück

50 g Bananenchips
60 g Butter
250 g selbst gemachte
  Marshmallows (siehe S. 73)
  oder gekaufte
¼ TL fein abgeriebene
  Bio-Zitronenschale
150 g ungezuckerte Rice-Crisps
2 EL getrocknete Berberitzen

Außerdem:

Brownies-Form von
  ca. 23 × 23 cm oder hoher
  verstellbarer Backrahmen
Butter für die Form

Clever tauschen

Anstelle von Bananenchips und Berberitzen können auch andere, nicht zu süße Trockenfrüchte untergemischt werden: Besonders fein sind **getrocknete Sauerkirschen, Blaubeeren, Korinthen** oder auch **Cranberrys**.

1 Die Form dünn mit Butter ausfetten. Die Bananenchips in grobe Stücke brechen. Die Butter in einem großen Topf zerlassen. Die Herdplatte auf schwache Hitze stellen und den Topf vom Herd nehmen.

2 Die Marshmallows in den Topf geben und unter die Butter rühren. Auf dem Herd bei schwacher Hitze unter ständigem Rühren in ca. 10 Min. schmelzen lassen. Zitronenschale, Rice-Crisps, Bananenchips und Berberitzen sorgfältig unter die geschmolzenen Marshmallows ziehen.

3 Die Masse in die Form füllen und glatt streichen. An einem kühlen Ort in ca. 5 Std. kalt und fest werden lassen. Aus der Form stürzen und in 25 Stücke schneiden. Luftdicht verschlossen in einer Blechdose aufbewahren, dabei zwischen jede Schicht Back- oder Butterbrotpapier legen.

Variante – Popcorn-Schoko-Riegel

Für ca. 24 Stück | **200 g Vollmilchkuvertüre** hacken, schmelzen und temperieren (siehe S. 15). Warm halten. **1 EL Butterschmalz** in einem weiten Topf zerlassen. **4 EL Popcornmais** hineingeben, Deckel auflegen und die Maiskörner unter gelegentlichem Rütteln aufpoppen lassen. Topf vom Herd nehmen, Deckel abnehmen und das Popcorn kurz ausdampfen lassen. **½ TL Fleur de Sel** untermischen. Popcorn unter die Kuvertüre mischen, nicht aufgeplatzte Maiskörner vorher aussortieren. Die Masse in eine ca. 23 × 23 cm große, mit Backpapier ausgelegte Brownies-Form geben und in ca. 4 Std. fest werden lassen. Aus der Form stürzen und in Streifen von ca. 2 × 11 cm schneiden. Hält ca. 4 Tage.

Kandierte Ananas

fruchtiger Klassiker
Zubereitung: ca. 1 Std. 30 Min. | Kandieren: ca. 14 Tage | Haltbarkeit: 1-4 Wochen |

Für ca. 800 g

1 Ananas
Salz
1,8 kg Zucker

Außerdem:

Schüssel mit Eiswasser

1 Die Ananas sorgfältig schälen, die braunen »Augen« entfernen. Ananas in 1 cm dünne Scheiben schneiden. Den harten Strunk aus der Mitte der Scheiben herausschneiden oder ausstechen. Ca. 500 g Ananasscheiben abwiegen.

2 In einem großen Topf leicht gesalzenes Wasser aufkochen. Die Ananasscheiben darin portionsweise jeweils knapp 1 Minute blanchieren und in Eiswasser abschrecken (**Bild 1**), abtropfen lassen.

3 1 kg Zucker mit 600 g Wasser in einem großen Topf aufkochen. Die blanchierten Ananasscheiben in den heißen Sirup legen und zugedeckt 24 Std. ziehen lassen. Die Fruchtscheiben dabei mit einem Gitter oder Pergamentpapier abdecken (**Bild 2**), damit sie nicht an die Oberfläche steigen.

4 Am nächsten Tag die Ananasscheiben aus dem Sirup nehmen, abtropfen lassen und in einen anderen Topf geben. Den Sirup mit weiteren 100 g Zucker aufkochen und über die Ananasscheiben gießen. Wieder 24 Std. zugedeckt stehen lassen. Diesen Vorgang noch viermal wiederholen.

5 Am sechsten Tag den mit 100 g Zucker angereicherten aufgekochten Sirup über die Früchte gießen und 2 Tage stehen lassen. Diesen Vorgang am achten Tag wiederholen.

6 Am zehnten Tag den Sirup mit weiteren 100 g Zucker aufkochen, über die abgetropften Ananasscheiben gießen und das Ganze 4 Tage stehen lassen. Danach die Früchte aus dem Sirup nehmen und abtropfen lassen. Die Ananasscheiben zum Trocknen entweder offen 1 – 2 Tage liegen lassen oder im 50° (Umluft) heißen Backofen 1 – 2 Std. trocknen lassen. Zum Aufbewahren in ein gut schließendes Gefäß geben und zwischendurch kontrollieren.

Clever kandiert

Das Zubereiten von kandierten Früchten ist nicht schwierig. Aber der Zuckergehalt der fertigen Früchte lässt sich nicht sicher bestimmen. Und von dem hängt die Haltbarkeit ab. Darum selbst gemachte kandierte Früchte am besten **innerhalb 1 Woche nach der Herstellung** aufessen – oder regelmäßig kontrollieren.

Türkisches Lokum
mit Pistazien und Haselnüssen

mit leichtem Rosenduft
Zubereitung: ca. 1 Std. 30 Min. | Fest werden lassen: ca. 12 Std. | Haltbarkeit: ca. 3 Monate |

Für 40 Stück

50 g geschälte Pistazienkerne
50 g Haselnusskerne
500 g Zucker
80 g Maisstärke
½ TL Weinsteinsäure
    (Apotheke)
Saft von ½ Zitrone
2 EL Rosenwasser
je 200 g Puderzucker und
    Speisestärke zum Wälzen

Außerdem:

hoher Backrahmen, auf
    17 × 20 cm eingestellt
Öl für den Rahmen
Zuckerthermometer

Clever variieren

Für feines **Rosen-Lokum** anstelle
der Nüsse einige Tropfen rote
Lebensmittelfarbe und 3 – 4 Tropfen natürliches Rosenöl unter die
Lokum-Masse rühren. In die Form
füllen, fest werden lassen und in
Würfel schneiden. Die fertigen
rosa Lokum-Würfel in Kokosflocken statt in der Puderzucker-
Stärke-Mischung wälzen.

1 Den Backrahmen auf Backpapier setzen und innen dünn
mit Öl einfetten. Pistazien und Haselnüsse in einer Pfanne
ohne Fett goldgelb rösten und vom Herd nehmen.

2 Den Zucker mit 150 g Wasser in einem Topf erwärmen, bis
sich die Zuckerkristalle aufgelöst haben. Auf starke Hitze
schalten und die Mischung auf 120° kochen (siehe S. 13).

3 Gleichzeitig die Maisstärke mit 100 ml Wasser anrühren. In
einem zweiten Topf 250 ml Wasser mit der Weinsteinsäure
und dem Zitronensaft aufkochen. Die angerührte Stärke in
das kochende Wasser rühren und alles kochen lassen.

4 Den 120° heißen Zuckersirup in einem dünnen Strahl in die
Stärkemischung einrühren. Weiterrühren und die Masse
kochen lassen, bis sie hellgold wird. Das dauert 60 – 70 Min.

5 Zum Schluss die Pistazien und die Haselnüsse sowie das
Rosenwasser unter die Masse rühren. Alles in den vorberei-
teten Backrahmen füllen und die Oberfläche glatt streichen.
Über Nacht fest werden lassen

6 Am nächsten Tag den Backrahmen vorsichtig abheben und
die Lokum-Masse mit einem eingeölten großen, scharfen
Messer in ca. 3 cm große Würfel schneiden. Das Messer
zwischendurch säubern und dünn einölen. Die Würfel
großzügig in der Puderzucker-Stärke-Mischung wälzen
und in einer luftdicht schließenden Dose aufbewahren.

Sesamhelva mit Pistazien

herb und süß zugleich
Zubereitung: ca. 50 Min. | fest werden lassen: mind. 12 Std. | Haltbarkeit: ca. 3 Wochen |

Für ca. 600 g

300 g Sesampaste (Bioladen
   oder türk. Lebensmittelgeschäft)
1 Bio-Zitrone
1 Vanilleschote
250 g Zucker
80 g geschälte Pistazienkerne

Außerdem:

kleine Kastenform von
   20 cm Seitenlänge
Spachtel

1 Den Backofen auf 70° vorheizen. Ein Backblech darin erwärmen. Die Kastenform mit Backpapier auskleiden. Die Sesampaste im Glas sehr gut verrühren, sodass sich der Bodensatz löst und verteilt. Sesampaste in einen Topf geben, glatt rühren und erwärmen.

2 Die Zitrone heiß waschen, abtrocknen und die Schale fein abreiben. Eine Hälfte auspressen. Die Vanilleschote längs aufschneiden und das Mark herausschaben. Zitronenschale und Vanillemark gut unter die Sesampaste mischen.

3 Den Zucker mit 80 g Wasser und dem Zitronensaft in eine Stielkasserolle geben. Zu einem hellen Karamell kochen (siehe S. 13). Die Sesampaste gleichmäßig auf das ange-wärmte Backblech streichen und – wenn der Zucker noch Zeit braucht – ruhig noch einmal in den Backofen schieben.

4 Wenn der Zucker karamellisiert ist, auf der Sesampaste ver-teilen und die Masse immer wieder mit einem Spachtel zu-sammenschlagen und auseinanderstreichen, bis das Ganze anfängt fester zu werden. Je mehr die Masse dabei bewegt wird, umso feiner wird die Struktur des Helva.

5 Die Pistazienkerne untermischen und alles in die Form geben. Am besten über Nacht abkühlen und fest werden lassen. In Stücke schneiden und servieren.

Clever variieren

Für **marmoriertes Helva** 2 EL dunk-les Kakaopulver sieben. Die heiße Sesam-Zucker-Masse halbieren und unter eine Hälfte das Kakao-pulver arbeiten. Beide Helvasor-ten so zusammenkneten, dass ein Marmormuster entsteht.

Clever servieren

Helva wird in Griechenland und der Türkei gerne mit etwas **Zitronen-saft** beträufelt und mit etwas **Zimtpulver** bestreut als kleine Süßig-keit am Nachmittag oder als Dessert serviert.

Mango-Kokos-Geleewürfel

sommerlich leicht | *Zubereitung: ca. 50 Min.* | *fest werden lassen: ca. 8 Std.* | *Haltbarkeit: ca. 4 Wochen* |

Für ca. 45 Stück

330 g Zucker
9 g Apfelpektin (Bioladen oder
  Apotheke)
100 g Kokosmilch
200 g Mangomark (Spezial-
  versand)
50 g Glukosesirup (Spezialversand)
1 TL Zitronensaft
50 g Kokosflocken zum Wälzen
100 g Zucker zum Wälzen

Außerdem:

Rahmen von ca. 15 × 20 cm
Öl für den Rahmen
Zuckerthermometer

1 Den Rahmen in der angegebenen Größe auf Backpapier
setzen und innen leicht einölen. 30 g Zucker mit dem Pektin mischen. Die Kokosmilch gut verrühren und mit dem
Mangomark in einen Topf geben, die Zucker-Pektin-Mi-
schung unterrühren und das Ganze zum Kochen bringen.

2 Den Glukosesirup, dann den übrigen Zucker nach und
nach unter die Mischung rühren und alles auf 107° kochen
(siehe S. 13). Den Zitronensaft unterrühren und die Gelee-
masse in den Rahmen füllen.

3 Das Gelee in ca. 8 Std. abkühlen und fest werden lassen.
In Würfel schneiden. Die Kokosflocken in einer Pfanne
ohne Fett leicht rösten, mit dem Zucker mischen und auf
einen tiefen Teller geben. Die Geleewürfel darin wälzen
und schichtweise mit Butterbrotpapier getrennt in einer
gut schließenden Dose aufbewahren.

Granatapfel-Orangen-Geleewürfel

doppelt fruchtig | Zubereitung: ca. 50 Min. | fest werden lassen: ca. 8 Std. | Haltbarkeit: ca. 3 Wochen |

Für ca. 50 Stück

2 große Granatäpfel
440 g Zucker
12 g Apfelpektin (Apotheke
    oder Spezialversand)
80 g Glukosesirup (Spezial-
    versand)
1 TL Zitronensaft
300 g frisch gepresster
    Orangensaft
200 g Zucker zum Wälzen

Außerdem:

Rahmen von ca. 15 × 20 cm
Öl für den Rahmen
Zuckerthermometer

1 Den Rahmen auf Backpapier setzen und innen einölen. Die Granatäpfel auspressen, 200 g Saft abwiegen. 20 g Zucker mit 6 g Apfelpektin mischen und mit dem Granatapfelsaft in einem Topf unter Rühren aufkochen. 40 g Glukosesirup, dann nach und nach 200 g Zucker unterrühren. Die Mischung auf 107° kochen (siehe S. 13), ½ TL Zitronensaft unterrühren. In den Rahmen füllen, ca. 30 Min. abkühlen und etwas fest werden lassen.

2 Orangensaft auf 200 g einkochen. 20 g Zucker mit übrigem Pektin mischen, in den Saft rühren. Übrigen Glukosesirup einrühren, aufkochen. 200 g Zucker nach und nach unterrühren, auf 107° kochen. Übrigen Zitronensaft unterrühren.

3 Auf das Granatapfelgelee gießen und in ca. 8 Std. fest werden lassen. In Würfel schneiden und in Zucker wälzen. Mit Butterbrotpapier getrennt luftdicht aufbewahren.

Gefüllte Datteln mit Salzmandeln

Zwetschgenkonfekt

einfach und edel

Schoko-Früchtchen

Für 40 Stück **40 große getrocknete Datteln** an einer Längsseite einschneiden und die Steine entfernen. Je **1 große, geröstete Salzmandel** hineinstecken und die Öffnung zudrücken. **400 g Zartbitterkuvertüre** hacken, schmelzen und temperieren (siehe S. 15). Die Datteln nacheinander in die Kuvertüre tauchen, auf Backpapier setzen und die Kuvertüre etwas fest werden lassen. Jede Dattel mit **1 kleinen Stück Blattgold** verzieren. Kuvertüre fest werden lassen. Hält ca. 2 Wochen.

Clever selbst gemacht

Für **Salzmandeln** 100 g große gehäutete Mandeln goldgelb rösten. 1 gestr. TL Salz in 4 EL Wasser auflösen, über die Mandeln gießen und verteilen. Wasser verdampfen lassen. Mandeln zum Abkühlen auf einen Teller geben.

Für 30 Stück **120 g Zartbitterkuvertüre** fein hacken. **100 g Sahne** aufkochen, ½ **TL gemahlenen Anis** und die Kuvertüre einrühren, bis sich alles aufgelöst hat. **20 g Butter** glatt unterrühren. In eine Schüssel geben und die Ganache abgedeckt ca. 4 Std. ruhen lassen. **30 entsteinte Trockenzwetschgen** leicht auseinanderdrücken. Die Ganache mit dem Handrührgerät weich rühren, in einen Spritzbeutel mit Lochtülle geben und in die Zwetschgen spritzen. **200 g Zartbitterkuvertüre** hacken, schmelzen und temperieren (siehe S. 15). Die Zwetschgen hineintauchen, dann in **150 g dunklem Kakaopulver** wälzen und fest werden lassen. Hält ca. 2 Wochen.

Sultans-kugeln

Amaretti mit Amarenakirschen

orientalischer Genuss

nicht nur zum Espresso

Für 40 Stück **je 100 g getrocknete Feigen, Dateln und Aprikosen** durch die feine Scheibe des Fleischwolfs drehen. **10 g Sesamsamen** ohne Fett hellbraun rösten. **50 g kandierte Orangenschale** hacken. Mit **50 g gemahlenen Walnusskernen, 1 EL Honig, 0,1 g gemahlenem Safran, je 1 guten Prise gemahlenem Zimt und Chili** sowie **10 g Orangenblütenwasser** verkneten. Die Masse mit den Händen zu 40 Kugeln formen und auf Backpapier setzen, 5 Std. antrocknen lassen. **400 g Zartbitterkuvertüre** hacken, schmelzen, temperieren (siehe S. 15) und die Kugeln gleichmäßig damit überziehen. Mit Silberflitter oder Bronzepuder bestäuben. Hält ca. 3 Wochen.

Für 30 Stück **30 Amarenakirschen** abtropfen lassen. **200 g gehäutete, fein gemahlene Mandeln** mit **180 g Zucker, 2 Eiweiß** und dem ausgeschabten **Mark von ½ Vanilleschote** zu einem Teig verkneten. Den Teig in 30 Portionen teilen, jede Portion zu einer Kugel formen, flach drücken und je 1 Amarenakirsche darin einschlagen. Mit leicht angefeuchteten Händen zu glatten Kugeln formen, auf ein mit Backpapier belegtes Blech legen und 4 – 5 Std. antrocknen lassen. Backofen auf 190° Umluft vorheizen. Die Amaretti mit Puderzucker bestreuen und mit Daumen, Zeigefinger und Mittelfinger oben etwas spitz formen. 8 – 10 Min. backen und abkühlen lassen. Hält luftdicht verpackt ca. 2 Wochen.

Quittenkonfekt

beliebter Klassiker
Zubereitung: ca. 1 Std. | Kochen: ca. 45 Minuten | Abtropfen: ca. 12 Std. | Trocknen: ca. 3 Std. |
fest werden lassen: ca. 24 Std. | Haltbarkeit: ca. 6 Monate |

Für ca. 1 kg Konfekt

1 kg duftende Quitten
¼ l naturtrüber Apfelsaft
Saft und fein abgeriebene
 Schale von 1 Bio-Zitrone
350 g Gelierzucker 1:1
300 g Zucker
je 2 gute Msp. gemahlene
 Nelken und Zimt
ca. 150 g Kristallzucker zum
 Wälzen

1 Die Quitten waschen und vierteln, Blüten- und Stielansätze entfernen. Die Quittenviertel in große Stücke schneiden und in einen großen Topf geben. Gut 1 ½ l Wasser dazugießen und zugedeckt aufkochen. Die Quitten bei schwacher Hitze in ca. 45 Min. weich kochen.

2 Ein großes Sieb mit einem Mulltuch oder einem nicht zu eng gewebten, sauberen Geschirrtuch auslegen und auf einen großen Topf setzen. Die Quitten und die Kochflüssigkeit hineingeben und über Nacht abtropfen lassen. Den Saft für ein Quittengelee verwenden.

3 Aus dem Quittenfruchtfleisch das Quittenkonfekt herstellen. Dafür aus den gekochten Stücken die Kerngehäuse mit einem Teelöffel entfernen. Die Quittenstücke mit dem Apfelsaft, dem Zitronensaft und der Zitronenschale, dem Gelierzucker und dem Haushaltszucker sowie den Gewürzen in einen Topf geben. Bei mittlerer Hitze unter Rühren offen so dick einkochen, bis auf dem Topfboden eine Spur bleibt, wenn man mit dem Kochlöffel darüberfährt.

4 Zwei Backbleche mit Backpapier belegen und das Quittenmus 1–1,5 cm dick gleichmäßig aufstreichen. Die Bleche übereinander in den Backofen schieben. Das Mus bei 100° (Umluft) ca. 3 Std. trocknen, gelegentlich die Ofentür kurz öffnen, damit Feuchtigkeit entweichen kann.

5 Das Konfekt auf den Blechen abkühlen und mit Tüchern bedeckt ca. 24 Std. ruhen lassen, dann in ca. 2 × 3 cm große Stücke schneiden und in Kristallzucker wälzen. Das Konfekt in eine Dose schichten, die einzelnen Lagen mit Butterbrotpapier trennen.

MARSHMALLOWS UND TURRON

Sie sind fluffig weich, zart schmelzend, süß, aber nicht zu süß, mit feinem Aroma von Vanille … oder ist es doch Honig? Oder Rose? Marshmallows können so viel mehr, als nur schnöde, zuckrige Süßigkeit sein. Und Turron, auch Türkischer Honig genannt? Die feste weiße Masse mit Nüssen zwischen Backoblaten kann auch anders. Wie wär's zum Beispiel kombiniert mit Basilikum und kandierter Zitrone? Oder mit Maronen und Orangen? Einfach köstlich!

Vanille-Marshmallows

für Geübte
Zubereitung: ca. 50 Min. | fest werden lassen: ca. 12 Std. | Haltbarkeit: ca. 3 Wochen |

Für ca. 400 g

8 Blatt weiße Gelatine
265 g Zucker
80 g Glukosesirup (Spezialversand)
50 g Ahornsirup
1 Vanilleschote
1 Prise Zitronensäure
   (Apotheke)
200 g Puderzucker
150 g Speisestärke

Außerdem:

Zuckerthermometer
sauberer Backpinsel
Küchenmaschine
hoher Backrahmen, auf
   ca. 12 × 20 cm eingestellt
Öl zum Arbeiten
Spachtel

1 Die Gelatine in kaltem Wasser einweichen. 240 g Zucker mit dem Glukosesirup und 80 g Wasser in eine Stielkasserolle geben und unter Rühren erwärmen, bis sich die Zuckerkristalle aufgelöst haben. Dann bei starker Hitze auf 110° kochen (siehe S. 13). Zwischendurch den Topfrand mit Pinsel und Wasser immer wieder säubern.

2 Inzwischen die übrigen 25 g Zucker mit 25 g Wasser in einem Topf erwärmen, bis sich der Zucker aufgelöst hat. Den Ahornsirup dazugeben und erwärmen. Die Vanilleschote aufschneiden und das Mark herausschaben. Vanillemark und Zitronensäure zum Sirup geben und darin auflösen. Den Topf vom Herd nehmen. Die Gelatine gut ausdrücken und im Sirup unter Rühren auflösen.

3 Die Sirup-Gelatine-Mischung in die hitzefeste Schüssel der Küchenmaschine geben und diese auf niedrige Geschwindigkeit stellen. Den 110° heißen Zuckersirup in einem dünnen Strahl dazugießen (**Bild 1**) und weiter schlagen, erst auf niedriger Stufe, dann schneller, bis die Masse weißschaumig und fluffig ist (**Bild 2**). Das kann 5 – 10 Min. dauern.

4 Puderzucker und Speisestärke in einer Schüssel mischen. Ein Blech mit Backpapier belegen und dieses dünn mit Öl bestreichen. Den Backrahmen daraufsetzen und innen mit Öl bestreichen. Die Marshmallowmasse in den Rahmen füllen und mit einem eingeölten Spachtel glatt streichen. Etwas Puderzucker-Stärke-Mischung daraufsieben.

5 Die Masse über Nacht fest werden lassen. In ca. 3 cm große Würfel schneiden und rundum in der Puderzucker-Stärke-Mischung wälzen (**Bild 3**). Luftdicht aufbewahren.

Pfefferminz-Marshmallows

sehr edel
Zubereitung: ca. 1 Std. 30 Min. | fest werden und trocknen lassen: ca. 12 Std. + 3 Std. + 3 Std. |
Haltbarkeit: ca. 3 Wochen |

Für ca. 600 g

460 g Zartbitterkuvertüre
8 Blatt weiße Gelatine
250 g Zucker
80 g Glukosesirup (Spezialversand)
3 – 4 Tropfen grüne Lebensmittelfarbe
5 Tropfen Pfefferminzöl
(Bioladen oder Apotheke)

Außerdem:

hoher Backrahmen, auf
ca. 16 × 20 cm eingestellt
Öl zum Arbeiten
Zuckerthermometer
Küchenmaschine

Clever variieren

Für Zitronen-Marshmallows wie
im Rezept beschrieben vorgehen,
aber in die aufgelöste Gelatine
3 – 4 Tropfen gelbe Lebensmittelfarbe, 4 – 5 Tropfen natürliches
Zitronenöl sowie 1 Msp. Zitronensäure, in 1 TL Wasser aufgelöst,
einrühren. Die Zitronen-Marshmallows in weiße oder Zartbitterkuvertüre tauchen.

1 Backpapier auf ein Backblech legen und dünn mit Öl einstreichen. Den Backrahmen auf das Papier setzen und die
Innenseiten dünn einölen. 60 g Kuvertüre fein hacken, restliche Kuvertüre mittelfein hacken.

2 Die Gelatine in 100 ml Wasser einweichen. Den Zucker
mit dem Glukosesirup und 80 g Wasser in einem Topf unter Rühren erhitzen, bis sich die Zuckerkristalle aufgelöst
haben. Die Temperatur erhöhen und die Mischung ohne
Rühren auf 110° kochen (siehe S. 13).

3 Das Einweichwasser mit der Gelatine gerade so erwärmen,
dass sich die Gelatine unter Rühren auflöst. Lebensmittelfarbe und Pfefferminzöl unterrühren. Die Mischung in die
hitzefeste Rührschüssel der Küchenmaschine füllen und
diese bei niedriger Geschwindigkeit laufen lassen. Den Zuckersirup in einem dünnen Strahl dazugießen. Auf mittlere
Geschwindigkeit hochschalten, bis die Masse cremig und
luftig ist, das dauert 5 – 10 Min.

4 Die Schüssel von der Küchenmaschine nehmen und
60 g fein gehackte Kuvertüre mit dem Gummispatel rasch
unterziehen. In den Rahmen füllen, glatt streichen und
über Nacht fest werden lassen. In Rauten schneiden und
2 – 3 Std. auf einem leicht geölten Gitter trocknen lassen.

5 Die übrige Kuvertüre auf dem Wasserbad schmelzen und
temperieren (siehe S. 15). Die Marshmallows je zur Hälfte
eintauchen und auf Backpapier legen, die Kuvertüre in
ca. 3 Std. fest werden lassen. Die Marshmallows luftdicht
zwischen Butterbrotpapier aufbewahren.

Himbeer-Waldmeister-Marshmallows

fruchtig | *Zubereitung: ca. 50 Min.* | *Durchziehen: 2 Tage* | *fest werden lassen: ca. 12 Std.* | *Haltbarkeit: ca. 3 Wochen* |

Für ca. 400 g

3 g getrockneter Waldmeister
150 g Himbeermark
  (siehe S. 9)
200 g Puderzucker
150 g Speisestärke
8 Blatt weiße Gelatine
240 g Zucker
80 g Glukosesirup (Spezialversand)
2 g Zitronensäure (Apotheke)

Außerdem:

hoher Backrahmen, auf
  ca. 14 × 20 cm eingestellt
Öl zum Arbeiten
Zuckerthermometer
Küchenmaschine

1 Den Waldmeister zerrebeln und unter das Himbeermark rühren. Zugedeckt im Kühlschrank 2 Tage ziehen lassen. Durch ein Sieb passieren. Backpapier auf ein Backblech legen, mit Öl einstreichen. Backrahmen innen einölen und daraufsetzen. Puderzucker und Speisestärke mischen.

2 Die Gelatine in kaltem Wasser einweichen. Den Zucker mit Glukosesirup und 80 g Wasser in einem Topf auf 110° kochen (siehe S. 13). Das Himbeermark erwärmen, die Gelatine gut ausdrücken und mit der Zitronensäure im Himbeermark unter Rühren auflösen. Die Mischung in der Küchenmaschine bei niedriger Geschwindigkeit rühren. Zuckersirup dazugießen, die Geschwindigkeit erhöhen und alles zu einer schaumigen Creme rühren. In den Rahmen füllen, glatt streichen und dick mit der Puderzuckermischung bestreuen. Über Nacht fest werden lassen. In ca. 2 cm große Würfel schneiden, in der restlichen Puderzuckermischung wälzen. Luftdicht aufbewahren.

Blaubeer-Zitronen-Marshmallows

tolle Farbe | *Zubereitung: ca. 50 Min.* | *fest werden lassen: ca. 12 Std.* | *Haltbarkeit: ca. 3 Wochen* |

Für ca. 400 g

140 g TK-Blaubeeren
   (aufgetaut)
10 Blatt weiße Gelatine
240 g Zucker
80 g Glukosesirup (Spezialversand)
200 g Puderzucker
150 g Speisestärke
Saft und abgeriebene Schale
   von 1 Bio-Zitrone
Öl zum Arbeiten

hoher Backrahmen, auf
   ca. 14 × 20 cm eingestellt
Zuckerthermometer
Küchenmaschine

1 Die Blaubeeren durch ein Sieb drücken, 100 g abwiegen. Die Gelatine in kaltem Wasser einweichen. Zucker mit Glukosesirup und 80 g Wasser auf 110° kochen (siehe S. 13). Ein Backblech mit Backpapier belegen, mit Öl einstreichen. Den Backrahmen innen einölen und daraufsetzen. Puderzucker und Speisestärke mischen.

2 Blaubeeren erwärmen. Gelatine ausdrücken und unter Rühren darin auflösen. 30 g Zitronensaft abwiegen, mit der Schale dazugeben und alles in der Küchenmaschine bei niedriger Geschwindigkeit rühren. Zuckersirup in einem dünnen Strahl dazugießen, die Geschwindigkeit erhöhen und alles zu einer schaumigen Creme rühren. In den Rahmen füllen, glatt streichen und dick mit der Puderzuckermischung bestreuen. Über Nacht fest werden lassen. In ca. 2 cm große Würfel schneiden, in der restlichen Puderzuckermischung wälzen und luftdicht aufbewahren.

Honig-Mandel-Marshmallows

mit knuspriger Hülle
Zubereitung: ca. 50 Min. | fest werden lassen: ca. 12 Std. | Haltbarkeit: ca. 3 Wochen |

Für ca. 500 g

8 Blatt weiße Gelatine
240 g Zucker
80 g Glukosesirup (Spezialversand)
100 g flüssiger Honig
2 Tropfen Bittermandelöl
300 g Mandelblättchen

Außerdem:

Öl zum Arbeiten
hoher Backrahmen, auf
   ca. 14 × 20 cm eingestellt
Zuckerthermometer
Küchenmaschine

1 Backpapier auf ein Backblech legen und dünn mit Öl einstreichen. Den Backrahmen innen dünn einölen und daraufsetzen. Die Gelatine in kaltem Wasser einweichen.

2 Den Zucker mit dem Glukosesirup und 80 g Wasser auf
110° kochen (siehe S. 13). Inzwischen die Gelatine ausdrücken. Den Honig in einem Topf erwärmen, vom Herd nehmen und die Gelatine darin auflösen. Bittermandelöl dazugeben. In die hitzefeste Rührschüssel der Küchenmaschine
geben und bei niedriger Geschwindigkeit rühren.

3 Den heißen Zuckersirup unter Rühren dazulaufen lassen.
Die Geschwindigkeit erhöhen und die Masse weißschaumig
und fluffig schlagen. In den Rahmen füllen und mit Frischhaltefolie abgedeckt über Nacht fest werden lassen.

4 Die Mandelblättchen in einer beschichteten Pfanne ohne
Fett hellbraun rösten, mit einem Löffel leicht zerdrücken,
auf einen Teller geben und abkühlen lassen. Die Marshmallowmasse in ca. 2 × 3 cm große Stücke schneiden, sofort in
den Mandelblättchen wälzen und luftdicht verpacken.

Variante – Maracuja-Sesam-Marshmallows

Für ca. 400 g | **10 Blatt weiße Gelatine** in kaltem Wasser einweichen. **240 g Zucker** mit **80 g Glukosesirup** und **80 g Wasser** auf 110° kochen (siehe S. 13). **120 g Passionsfruchtmark (Spezialversand)** erwärmen, die ausgedrückte Gelatine darin auflösen. Die Mischung in der hitzefesten Rührschüssel der Küchenmaschine bei niedriger Geschwindigkeit rühren, den heißen Zuckersirup langsam dazulaufen lassen. Geschwindigkeit erhöhen und alles zu einer dicklichen Masse rühren. In den mit Backpapier ausgekleideten Backrahmen (auf ca. 14 × 20 cm eingestellt) füllen, mit Folie abdecken und über Nacht fest werden lassen. **250 g Sesamsamen** in einer Pfanne ohne Fett rösten, **50 g Schwarzkümmel** unterrühren, abkühlen lassen. Die Masse in ca. 3 cm große Würfel schneiden, in der Sesam-Kümmel-Mischung wälzen, luftdicht verpacken.

Erdbeer-Mäusespeck

wie aus Kindertagen
Zubereitung: ca. 50 Min. | fest werden lassen: ca. 12 Std. | Haltbarkeit: ca. 3 Wochen |

Für ca. 800 g

250 g Puderzucker
200 g Speisestärke

Für die weiße Masse:

6 Blatt weiße Gelatine
1 Vanilleschote
250 g Zucker
1 Eiweiß (30 g)

Für die Erdbeermasse:

8 Blatt weiße Gelatine
200 g Erdbeermark (siehe S. 9)
1 Eiweiß (30 g)
250 g Zucker
2 – 3 Tropfen rote Lebensmittelfarbe

Außerdem:

Öl für den Rahmen
hoher Backrahmen, auf
   ca. 20 × 25 cm eingestellt
Zuckerthermometer
Küchenmaschine

1 Backpapier auf ein Backblech legen und dünn mit Öl einstreichen. Den Backrahmen innen dünn einölen und auf das Papier setzen. Puderzucker und Stärke in einer Schüssel gut mischen und bereitstellen.

2 Für die weiße Masse die Gelatine in 80 g Wasser einweichen. Die Vanilleschote längs aufschneiden und das Mark herausschaben. Den Zucker mit 100 g Wasser auf 127° kochen (siehe S. 13). Das Eiweiß in der hitzefesten Schüssel der Küchenmaschine steif schlagen. Die Gelatine vorsichtig in den Zuckersirup rühren, diesen in einem dünnen Strahl unter ständigem Rühren zum Eiweiß laufen lassen. Das Vanillemark dazugeben und alles schlagen, bis die Masse sehr steif ist. In den Rahmen füllen und glatt streichen.

3 Für die Erdbeermasse die Gelatineblätter nacheinander in das Erdbeermark geben, sodass sie beim Einweichen nicht aneinanderkleben. Ca. 5 Min. ruhen lassen. Das Erdbeermark erwärmen, bis sich die Gelatine aufgelöst hat. Das Eiweiß in der hitzefesten Schüssel der Küchenmaschine steif schlagen. Den Zucker mit 100 g Wasser auf 127° kochen (siehe S. 13). Lebensmittelfarbe und Erdbeermark in den Sirup rühren, dann sofort in dünnem Strahl in das Eiweiß einrühren. Die Masse schlagen, bis sie dick und cremig ist.

4 Die Erdbeermasse auf den weißen »Speck« geben und glatt streichen. Mit Puderzucker-Stärke-Mischung bestreuen und mit Folie bedeckt über Nacht fest werden lassen.

5 Die Arbeitsfläche mit Puderzucker-Stärke-Mischung bestreuen und den Mäusespeck darauflegen. In mundgerechte Streifen schneiden und sofort rundherum in der Mischung wälzen. Luftdicht aufbewahren.

Gefüllte Marshmallows

für Geübte
Zubereitung: ca. 50 Min. | fest werden lassen: ca. 4 Std. + 3 Std. + 12 Std. | Haltbarkeit: ca. 2 Wochen |

Für ca. 700 g

200 g Puderzucker
150 g Speisestärke

Für die Füllung:

100 g Zartbitterkuvertüre
100 g Sahne

Für die Marshmallows:

8 Blatt weiße Gelatine
240 g Zucker
80 g Glukosesirup (Spezialversand)
70 g Amaretto
1 Prise Zitronensäure
  (Apotheke)
300 g Zartbitterkuvertüre

Außerdem:

Öl für das Backpapier
Spritzbeutel
Zuckerthermometer
Küchenmaschine

1 Zwei Backbleche mit eingeöltem Backpapier belegen. Zwei weitere, nicht eingeölte, Backpapiere auf Tabletts auslegen. Puderzucker und Speisestärke in einer Schüssel mischen.

2 Für die Füllung die Kuvertüre hacken. Die Sahne in einem Topf aufkochen, die Kuvertüre dazugeben und darin schmelzen. Glatt rühren, mit Folie abdecken und in ca. 4 Std. fest werden lassen. Mit dem Handrührgerät aufschlagen, in einen Spritzbeutel mit 4 – 5-mm-Lochtülle füllen und spitze Tupfen auf die nicht eingeölten Backpapiere spritzen. In ca. 3 Std. fest werden lassen.

3 Für die Marshmallows die Gelatine in kaltem Wasser einweichen. Den Zucker mit 80 g Wasser aufkochen, Glukosesirup dazugeben und alles auf 115° kochen (siehe S. 13). Den Amaretto erwärmen. Die Gelatine gut ausdrücken, mit 1 Prise Zitronensäure in den Amaretto geben und unter Rühren auflösen. Die Mischung in die hitzefeste Schüssel der Küchenmaschine geben und diese auf niedrige Geschwindigkeit schalten. Den Zuckersirup in dünnem Strahl unter ständigem Rühren einlaufen lassen. Die Geschwindigkeit erhöhen und die Masse dickschaumig schlagen.

4 In einen Spritzbeutel mit 4 – 5-mm-Lochtülle füllen. Kreise von ca. 4 cm Durchmesser auf die eingeölten Backpapiere spritzen. Auf jeden Kreis eine Schokoladenspitze setzen, rundum mit Marshmallowmasse einhüllen.

5 Die Marshmallows über Nacht fest werden lassen. Die Kuvertüre hacken, schmelzen und temperieren (siehe S. 15). Die Marshmallows ca. 1 cm tief in die Kuvertüre tauchen und auf Backpapier setzen. Kuvertüre fest werden lassen. Marshmallows luftdicht aufbewahren.

Pistazien-Turron

braucht etwas Übung
Zubereitung: ca. 1 Std. 10 Min. | fest werden lassen: ca. 12 Std. | Haltbarkeit: ca. 4 Wochen |

Für ca. 800 g

2 große eckige Backoblaten
250 g Pinienkerne
100 g Pistazienkerne
360 g Zucker
40 g Glukosesirup (Spezialversand)
2 Eiweiß (60 g)
Salz
180 g Lavendelhonig

Außerdem:

Rahmen oder Form von
   ca. 12 × 20 cm
Öl für Rahmen oder Form
Zuckerthermometer
sauberer Backpinsel
Küchenmaschine

Clever gemacht

Anstelle des Edelstahlrahmens
kann man auch eine eckige Form
verwenden. Diese mit eingeöltem
Backpapier auslegen, dabei etwas
Papier überstehen lassen, damit
man damit später die Masse herausheben kann.

1 Den Rahmen innen einölen und auf Backpapier setzen oder
die Form mit eingeöltem Backpapier so auslegen, dass es an
allen Seiten über den Rand steht. 1 Oblate in den Rahmen
bzw. auf den Boden der Form legen.

2 Die Pinienkerne in einer beschichteten Pfanne ohne Fett
goldgelb rösten. Pistazien dazugeben, die Pfanne vom Herd
nehmen und die Kerne in der Resthitze warm halten.

3 Den Zucker mit 120 g Wasser und dem Glukosesirup in
einem Topf erwärmen. Bei mittlerer Hitze rühren, bis sich
alle Zuckerkristalle aufgelöst haben. Die Hitze erhöhen und
die Zuckermischung auf 143° kochen (siehe S. 13). Dabei
den Topfrand mit Pinsel und Wasser sauber halten.

4 Während der Zucker kocht, die Eiweiße mit 1 Prise Salz in
der hitzefesten Schüssel der Küchenmaschine steif schlagen.
Den Honig erwärmen und nach und nach dazugeben. Die
fertige Zuckerlösung in dünnem Strahl unter ständigem
Rühren unterschlagen (**Bild 1**). Die Schüssel auf ein Wasserbad setzen und die Masse unter ständigem Rühren in
ca. 30 Min. eindicken lassen (**Bild 2**).

5 Pistazien- und Pinienkerne unterheben. Die Masse auf der
Oblate verteilen (**Bild 3**), die zweite Oblate darauflegen
(**Bild 4**) und mit einem Brett und Dosen oder Ähnlichem
beschweren. Über Nacht fest werden lassen. Den Rahmen
lösen und abheben oder die Masse mithilfe des Backpapiers
aus der Form heben. Das Turron in ca. 2 × 4 cm große Stücke schneiden und luftdicht aufbewahren.

Basilikum-Turron

etwas ganz Besonderes
Zubereitung: ca. 1 Std. 10 Min. | fest werden lassen: ca. 12 Std. | Haltbarkeit: ca. 4 Wochen |

Für ca. 800 g

2 große eckige Backoblaten
80 g Pinienkerne
½ Bund Basilikum
150 g Blütenhonig
200 g Zitronat am Stück
390 g Zucker
40 g Glukosesirup (Spezial-
    versand)
2 Eiweiß (60 g)
Salz
fein abgeriebene Schale von
    2 Bio-Zitronen

Außerdem:

Rahmen von ca. 12 × 20 cm
Öl für den Rahmen
Zuckerthermometer
sauberer Backpinsel
Küchenmaschine

1   Den Rahmen innen einölen und auf Backpapier setzen. 1 Oblate in den Rahmen legen.

2   Die Pinienkerne in einer Pfanne ohne Fett goldgelb rösten, auf einen Teller geben und im 40° heißen Backofen warm stellen. Basilikum waschen und trocken tupfen, die Blätter abzupfen und bis auf 10 große Blätter grob schneiden.

3   Den Honig erwärmen, das zerkleinerte Basilikum dazugeben und mit dem Pürierstab fein pürieren. Den Basilikumhonig warm halten. Das Zitronat in ca. 1 cm große Stücke schneiden, die übrigen Basilikumblätter in Streifen. Den Zucker mit 140 g Wasser und dem Glukosesirup in einem Topf erwärmen. Bei mittlerer Hitze rühren, bis sich alle Zuckerkristalle aufgelöst haben.

4   Die Hitze erhöhen und die Zuckermischung auf 143° kochen (siehe S. 13). Dabei den Topfrand immer wieder mit Pinsel und Wasser sauber halten. Während der Zucker kocht, die Eiweiße mit 1 Prise Salz in der hitzefesten Schüssel der Küchenmaschine steif schlagen. Den Basilikumhonig nach und nach dazugeben.

5   Die fertige Zuckerlösung in einem dünnen Strahl unter ständigem Rühren unterschlagen. Die Schüssel auf ein Wasserbad setzen und die Masse unter ständigem Rühren in ca. 30 Min. eindicken lassen.

6   Geröstetet Pinienkerne, Zitronat, Zitronenschale und Basilikumblätter unterheben. Die Masse auf der Oblate verteilen, mit der übrigen Oblate bedecken und mit einem Brett und Dosen beschweren. Über Nacht fest werden lassen. Den Rahmen abheben, das Turron in ca. 2 × 4 cm große Stücke schneiden und luftdicht aufbewahren.

Schokoladenturron mit Kirschen

sehr edel | *Zubereitung: ca. 50 Min.* | *fest werden lassen: ca. 12 Std.* | *Haltbarkeit: ca. 4 Wochen* |

Für ca. 800 g

2 große eckige Backoblaten
150 g abgetropfte Amarenakirschen
60 g Zartbitterkuvertüre
30 g geröstete Mandel-
  blättchen
360 g Zucker
40 g Glukosesirup (Spezialversand)
2 Eiweiß (60 g) | Salz
180 g lauwarmer Blütenhonig
Rahmen von ca. 12 × 20 cm

Öl für den Rahmen
Zuckerthermometer
sauberer Backpinsel
Küchenmaschine

1 Den Rahmen innen dünn einölen, auf Backpapier setzen und 1 Oblate hineinlegen. Kirschen grob hacken. Kuvertüre hacken. Mandelblättchen und Kirschen im 40° heißen Ofen warm stellen. Zucker mit 120 g Wasser und Glukosesirup erwärmen, bis alle Kristalle aufgelöst sind. Hitze erhöhen und die Mischung auf 143° (siehe S. 13) kochen. Topfrand mit Pinsel und Wasser sauber halten.

2 Inzwischen Eiweiße mit 1 Prise Salz in der Küchenmaschine steif schlagen. Zuerst den Honig, dann die 143° heiße Zuckerlösung in dünnem Strahl unter ständigem Rühren unterschlagen. Die Masse auf einem Wasserbad unter ständigem Rühren in ca. 30 Min. eindicken lassen.

3 Kirschen und Mandelblättchen unterheben, Kuvertüre rasch unterziehen. Masse auf der Oblate verteilen, mit der übrigen Oblate bedecken, mit einem Brett und Dosen beschweren und über Nacht fest werden lassen. Rahmen lösen, das Turron in ca. 2 × 4 cm große Stücke schneiden und luftdicht verpacken.

Helles Turron mit Ingwer

mit feiner Würze | *Zubereitung: ca. 50 Min.* | *fest werden lassen: ca. 12 Std.* | *Haltbarkeit: ca. 4 Wochen* |

Für ca. 800 g

2 große eckige Backoblaten
150 g kandierter Ingwer
80 g geschälte Mandeln,
   goldgelb geröstet
100 g getrocknete Cranberrys
360 g Zucker
40 g Glukosesirup (Spezialversand)
2 Eiweiß (60 g) | Salz
180 g lauwarmer Blütenhonig
100 g Kakaonibs
Rahmen von ca. 12 × 20 cm
Öl für den Rahmen
Zuckerthermometer
sauberer Backpinsel
Küchenmaschine

1 Den Rahmen innen dünn einölen, auf Backpapier setzen und 1 Oblate hineinlegen. Ingwer klein schneiden, mit Mandeln und Cranberrys im 40° heißen Backofen warm stellen. Zucker mit 120 g Wasser und Glukosesirup erwärmen, bis sich alle Zuckerkristalle aufgelöst haben. Die Hitze erhöhen und die Mischung auf 143° kochen (siehe S. 13). Topfrand mit Pinsel und Wasser sauber halten.

2 Inzwischen die Eiweiße mit 1 Prise Salz in der Küchenmaschine steif schlagen. Zuerst den Honig, dann die 143° heiße Zuckerlösung in dünnem Strahl unter ständigem Rühren unter das Eiweiß schlagen. Die Masse auf einem köchelnden Wasserbad unter ständigem Rühren in ca. 30 Min. eindicken lassen.

3 Mandeln, Ingwer, Cranberrys und Kakaonibs unterheben. Auf der Oblate verteilen, mit 1 Oblate bedecken, beschweren und über Nacht fest werden lassen. In ca. 2 × 4 cm große Stücke schneiden und luftdicht aufbewahren.

Orangenturron
mit glasierten Maronen

---

herbstlicher Genuss
Zubereitung: ca. 50 Min. | fest werden lassen: ca. 12 Std. | Haltbarkeit: ca. 4 Wochen |

Für ca. 900 g

2 große eckige Backoblaten
200 g glasierte Maronen
200 g kandierte Orangenschale
360 g Zucker
40 g Glukosesirup (Spezialversand)
2 Eiweiß (60 g)
Salz
180 g Kastanienhonig
6 – 8 Tropfen natürliches
   Orangenöl (Bioladen oder
   Apotheke)
gemahlener Zimt

Außerdem:

Rahmen von ca. 12 × 20 cm
Öl für den Rahmen
Zuckerthermometer
sauberer Backpinsel
Küchenmaschine

1 Den Rahmen innen dünn einölen und auf Backpapier setzen. 1 Oblate hineinlegen. Maronen und Orangenschale
grob hacken und im 40° heißen Backofen warm stellen.

2 Den Zucker mit 120 g Wasser und dem Glukosesirup in
einen Topf geben und bei mittlerer Hitze rühren, bis sich
alle Zuckerkristalle aufgelöst haben. Die Hitze erhöhen
und die Zuckermischung auf 143° kochen (siehe S. 13), den
Topfrand mit Pinsel und Wasser sauber halten.

3 Während der Zucker kocht, die Eiweiße mit 1 Prise Salz in
der hitzefesten Schüssel der Küchenmaschine steif schlagen.
Den Honig erwärmen und nach und nach dazugeben. Die
143° heiße Zuckerlösung in dünnem Strahl unter ständigem
Rühren unterschlagen. Die Schüssel auf ein köchelndes
Wasserbad setzen und die Masse unter ständigem Rühren
in ca. 30 Min. eindicken lassen.

4 Maronen- und Orangenschalenstücke, Orangenöl und
1 Prise Zimt unterrühren. Die Masse in den Rahmen füllen,
mit der übrigen Oblate bedecken und mit einem Brett und
Dosen oder Ähnlichem beschweren. Über Nacht fest werden lassen. Den Rahmen lösen und abheben. Das Turron in
ca. 2 × 4 cm Stücke schneiden und luftdicht aufbewahren.

Knackiges Kürbiskernturron

schön kernig
Zubereitung: ca. 50 Min. | fest werden lassen: ca. 12 Std. | Haltbarkeit: ca. 4 Wochen |

Für ca. 600 g

2 große eckige Backoblaten
120 g Kürbiskerne
fein abgeriebene Schale von
  1 Bio-Zitrone
Chilipulver
360 g Zucker
40 g Glukosesirup
2 Eiweiß (60 g)
Salz
180 g Blütenhonig
10 g Kürbiskernöl

Außerdem:

Rahmen von ca. 12 × 20 cm
Öl für den Rahmen
Zuckerthermometer
sauberer Backpinsel
Küchenmaschine

Clever variieren

Für 900 g Zitronen-Turron
200 g Macadamianusskerne
halbieren. 200 g Zitronat klein
schneiden, die Schale von
2 Bio-Zitronen fein abreiben und
1 EL rosa Pfeffer im Mörser andrücken. Alles vermischen, im 40°
heißen Ofen anwärmen. Die Turronmasse vorbereiten, die Zutaten
unterheben und fortfahren wie
rechts beschrieben.

1 Den Rahmen innen dünn einölen und auf Backpapier setzen. 1 Oblate hineinlegen. Die Kürbiskerne in einer Pfanne
ohne Fett rösten, bis sie anfangen zu duften. Die Kerne grob
hacken, mit der Zitronenschale und 1 Prise Chilipulver mischen und im 40° heißen Ofen warm stellen.

2 Den Zucker mit 120 g Wasser und dem Glukosesirup in ei-
nen Topf geben und bei mittlerer Hitze rühren, bis sich alle
Zuckerkristalle aufgelöst haben. Die Hitze erhöhen und die
Zuckermischung auf 143° kochen (siehe S. 13). Dabei den
Topfrand mit Pinsel und Wasser sauber halten.

3 Während der Zucker kocht, die Eiweiße mit 1 Prise Salz in
der hitzefesten Schüssel der Küchenmaschine steif schlagen. Den Honig erwärmen und nach und nach unter den
Eischnee rühren. Die 143° heiße Zuckerlösung in dünnem
Strahl unter ständigem Rühren unterschlagen. Die Schüssel
auf ein köchelndes Wasserbad setzen und die Masse unter
ständigem Rühren in ca. 30 Min. eindicken lassen.

4 Kürbiskerne und Kürbiskernöl unter die Turronmasse heben. In die Form füllen, mit der übrigen Oblate bedecken
und mit einem Brett und Dosen beschweren. Über Nacht
fest werden lassen. In ca. 2 × 4 cm große Stücke schneiden
und luftdicht aufbewahren.

SCHOKOLADE, NOUGAT UND PRALINEN

Die Königsklasse der Süßigkeiten – Schokolade vom Feinsten! Ob als zarte Täfelchen mit Blüten und Gewürzen bestreut oder etwas handfester in Form von Schokoladenbruch mit Chili und Ananas, ob als zarter Limettentrüffel, geschichtetes Nougat oder als Schokoladen-Keks-Riegel, Widerstand ist zwecklos! Da gibt's nur eins: den Genuss teilen und mit Freunden genießen!

Krosse Schokohäppchen

ganz einfach
Zubereitung: ca. 30 Min. | fest werden lassen: 3 – 4 Std. | Haltbarkeit: ca. 2 Wochen |

Für ca. 600 g

50 g getrocknete Kirschen
  (Spezialversand)
50 g kandierte Ananas
60 g ungesalzene
  Macadamianusskerne
200 g Vollmilchkuvertüre
240 g ungesüßte Cornflakes

1 Die getrockneten Kirschen halbieren, die kandierte Ananas in kleine Stücke schneiden. Die Macadamianüsse in grobe Stücke hacken. Alle drei Zutaten auf einen Teller geben und ca. 10 Minuten zum Anwärmen in den auf 40° vorgeheizten Backofen stellen.

2 Die Kuvertüre hacken, auf dem Wasserbad schmelzen und temperieren (siehe S. 15). Kirschen, Ananas, Macadamianüsse und Cornflakes zur Kuvertüre geben und alle Zutaten sorgfältig mischen.

3 Mit zwei Teelöffeln kleine Häufchen der Mischung mit etwas Abstand zueinander auf Backpapier setzen. In 3 – 4 Std. fest werden lassen, dann in Zellophanbeuteln verpacken.

Variante – Espresso-Schoko-Häppchen

Für ca. 300 g | Für Schokohäppchen auf italienische Art **80 g Mandelstifte** in einer Pfanne ohne Fett goldgelb rösten. Die Pfanne vom Herd ziehen und die Mandelstifte darin warm halten. **50 g harte Amaretti (ital. Mandelkekse)** in einen Gefrierbeutel geben, verschließen und mit dem Nudelholz vorsichtig zerdrücken. **300 g Zartbitterkuvertüre** hacken, auf dem Wasserbad schmelzen und temperieren (siehe S. 15).

1 TL sehr fein gemahlenes Espressopulver unter die Kuvertüre rühren, ohne dass Klümpchen entstehen. Mandelstifte und Amaretti sorgfältig untermischen. Mit zwei Teelöffeln kleine Häufchen mit etwas Abstand zueinander auf Backpapier setzen. Die Espresso-Schoko-Häppchen in 3 – 4 Std. fest werden lassen und in Zellophanbeuteln verpacken. Hält ca. 2 Wochen.

»Rostige« Schokoladenzange

für Geübte

Zubereitung: ca. 50 Min. | fest werden lassen: 3 – 4 Std. | Haltbarkeit: ca. 6 Wochen |

Für 1 Zange

500 – 600 g Kakaopulver
400 g Zartbitterkuvertüre

Außerdem:

kleines Tablett mit 4 cm hohem
 Rand
sauberes Stück Pappe
saubere Zange oder anderes
 Werkzeug
Blumendraht
Spritzbeutel
sauberer Backpinsel

Clever variiert

Für den ersten Versuch sollte man sich etwas Zeit nehmen, denn man muss erst einmal ein Gefühl dafür entwickeln, wie stark das Kakaopulver auf dem Tablett gepresst werden muss. Anstelle von Zange oder Hammer kann man auch mit **dicken Schrauben, Scheren** oder **alten Schlüsseln mit Bart** Abdrücke machen und diese mit geschmolzener Kuvertüre füllen. Je nach Größe der einzelnen Objekte mehr Kuvertüre berechnen.

1 Den Kakao durchsieben. Das Tablett mit dem Kakao füllen und das Pulver mit einem Stück Pappe leicht zusammendrücken. An der Zange oder dem anderen Werkzeug mit Blumendraht Schlaufen zum Anheben befestigen (**Bild 1**).

2 Die Zange mithilfe der Drahtschlaufen vorsichtig mit ruhiger Hand in den Kakao drücken. Mithilfe der Schlaufen ebenso vorsichtig wieder herausheben, sodass im Kakao ein deutlicher Abdruck der Zange entstanden ist, dessen Ränder nicht zusammenfallen (**Bild 2**). Fällt der Rand gleich zusammen, war der Kakao zu locker gepresst, bricht schon beim Hereindrücken die Oberfläche stark, war das Pulver zu fest gepresst. Dann noch einmal von vorne beginnen.

3 Die Kuvertüre hacken, auf dem Wasserbad schmelzen und temperieren (siehe S. 15). Die Kuvertüre in einen Spritzbeutel füllen und den Abdruck im Kakao vorsichtig ausfüllen (**Bild 3**). Etwas Kakao darüberstäuben und die Zange in 3 – 4 Std. fest werden lassen.

4 Die Schokoladenzange aus dem Kakaobett heben. Überschüssiges Kakaopulver mit dem Pinsel entfernen, eine dünne Schicht Kakao bleibt an der Kuvertüre haften.

Clever aromatisiert

Wer möchte, kann die Zartbitterkuvertüre noch mit etwas gemahlenem **Zimt, Koriander und Nelkenpulver** aromatisieren.

Schokoblätter mit Trockenfrüchten

hübsches Geschenk

Für 400 g Schokoblätter **10 g Sesamsamen** ohne Fett goldgelb rösten, abkühlen lassen. **70 g getrocknete Aprikosen** in schmale Streifen schneiden, **50 g getrocknete Kirschen** halbieren. **2 kleine Gefrierbeutel** an zwei Seiten aufschneiden, sodass zwei Folien von 20 × 30 cm entstehen. Auf die Arbeitsfläche legen. **250 g Vollmilchkuvertüre** hacken, schmelzen und temperieren (siehe S. 15). Die geschmolzene Kuvertüre auf die Folien gießen und mit einem breiten Spachtel dünn verstreichen. Sofort mit Sesam, den Früchten und **20 g Kokoschips** bestreuen. Wenn die Kuvertüre beginnt fest zu werden, die Ränder gerade schneiden und die Platten vierteln. In 2 – 3 Std. fest werden lassen und in Zellophanbeutel verpacken. Hält ca. 6 Wochen.

Schokoblätter mit Matcha-Tee

sehr edel

Für 400 g Schokoblätter **70 g geröstete, gesalzene Pistazienkerne** grob hacken. **2 kleine Gefrierbeutel** an zwei Seiten aufschneiden, sodass zwei Folien von 20 × 30 cm entstehen. Auf der Arbeitsfläche auslegen. **250 g Zartbitter- und 80 g weiße Kuvertüre** getrennt hacken, schmelzen und temperieren (siehe S. 15). In die weiße Kuvertüre **2 TL Matcha-Teepulver** einrühren. Die Zartbitterkuvertüre auf die Folien gießen und mit einem Spachtel verstreichen. Die grün gefärbte Kuvertüre daraufträufeln und mit einem Holzspieß Kreise durch die Schokolade ziehen. Pistazien auf der weichen Kuvertüre verteilen. Wenn die Kuvertüre fest wird, in Stücke schneiden. In 2 – 3 Std. fest werden lassen und in Zellophanbeutel verpacken. Hält ca. 6 Wochen.

Weiße Schokotaler mit Blüten

aromastarke Köstlichkeit

Für 250 g Schokotaler **2 kleine Gefrierbeutel** an zwei Seiten aufschneiden, sodass zwei Folien von ca. 20 × 30 cm entstehen. Auf der Arbeitsfläche auslegen. **250 g weiße Kuvertüre** hacken, schmelzen und temperieren (siehe S. 15). **1 Tropfen natürliches Lavendelöl** (Bioladen oder Apotheke) unterrühren. Kuvertüre in einen Spritzbeutel füllen und eine kleine Spitze abschneiden. Mit etwas Abstand zueinander 2–3 cm große Schokoladentaler auf die Folien spritzen und noch feucht mit einer Mischung aus **getrockneten Blütenblättern** oder **Rosenblütenblättern** bestreuen. Die Taler in 3–4 Std. fest werden lassen und in Zellophanbeutel verpacken. Hält ca. 6 Wochen.

Dunkle Schokotaler mit Zuckerperlen

mit exotischer Note

Für 300 g Schokotaler **2 kleine Gefrierbeutel** an zwei Seiten aufschneiden, sodass zwei Folien von ca. 20 × 30 cm entstehen. Auf der Arbeitsfläche auslegen. **40 g Pinienkerne** ohne Fett goldgelb rösten, abkühlen lassen. **40 g ungesalzene Macadamianusskerne** grob hacken. **250 g Zartbitterkuvertüre** hacken, schmelzen und temperieren (siehe S. 15). In einen Spritzbeutel füllen und eine kleine Spitze abschneiden. 3–4 cm große Taler auf die Folien spritzen und sofort mit den Nüssen und **2 TL bunten indischen Zuckerperlen (Asienladen)** bestreuen. Die Taler in 3–4 Std. fest werden lassen und in Zellophanbeutel verpacken. Hält ca. 6 Wochen.

Schokobruch mit Honeycomb

etwas aufwendiger
Zubereitung: ca. 50 Min. | fest werden lassen: 3 – 4 Std. | Haltbarkeit: ca. 4 Wochen |

Für ca. 800 g

175 g Zucker
25 g Honig
1 EL Glukosesirup (Spezialversand)
2 TL Natron
100 g getrocknete Aprikosen
500 g Zartbitterkuvertüre
2 TL rosa Pfeffer

Außerdem:

kleine hitzefeste Schale
   (1 l Inhalt)
Öl für die Schale
Zuckerthermometer

1 Eine kleine hitzefeste Schale mit Backpapier auskleiden, mit etwas Öl bestreichen. Zucker und Honig mit 30 g Wasser in eine große Kasserolle geben, unter Rühren langsam erhitzen, bis sich die Zuckerkristalle aufgelöst haben.

2 Den Glukosesirup unterrühren und alles auf 150° zu einem hellen Karamell kochen (siehe S. 13). Vom Herd nehmen und das Natron über den Zucker streuen, vorsichtig unterrühren. Achtung, das Karamell schäumt dabei stark auf! Die Masse in die Schale gießen und in ca. 1 Std. fest werden lassen. Ein Backblech mit Backpapier auslegen.

3 Den Honeycomb in Stücke brechen. Die Aprikosen in Streifen schneiden. Die Kuvertüre hacken, schmelzen und auf dem Wasserbad temperieren (siehe S. 15). Honeycomb, Aprikosen und rosa Pfeffer unter die Kuvertüre rühren und die Mischung ca. 8 mm hoch auf das Backblech geben. In 3 – 4 Std. fest werden lassen. Die Schokolade in große Stücke brechen und in Zellophanbeutel verpacken.

Variante – Marmorierter Schokoladenbruch

Für ca. 1 kg | **200 g Vanille-Marshmallowmasse** (siehe S. 73) in einen Spritzbeutel füllen, mit der 8-mm-Lochtülle Streifen auf Backpapier spritzen und in 3 – 4 Std. fest werden lassen, in Stücke schneiden. Knapp die Hälfte anderweitig verwenden. **100 g gehäutete Mandeln** ohne Fett goldgelb rösten, abkühlen lassen. Ein Backblech mit Backpapier auslegen. **300 g Zartbitterkuvertüre** und **200 g weiße Kuvertüre** getrennt hacken, schmelzen und temperieren (siehe S. 15). Unter die weiße Kuvertüre die Mandeln, **80 g getrocknete Cranberrys** und **100 g geröstete, gesalzene Pistazienkerne** rühren. Die Marshmallows rasch in die Zartbitterkuvertüre einrühren. Beide Kuvertüren so auf das Blech gießen, dass sie ineinanderlaufen, mit einem Kochlöffelstiel marmorieren. In 3 – 4 Std. fest werden lassen. In Stücke brechen und verpacken. Hält ca. 6 Wochen.

103

Schokoladentafeln mit Salzstangen

Für 5 kleine Tafeln **30 g Pistazienkerne** grob hacken. **15 Salzstangen** in grobe Stücke brechen. **150 g Zartbitterkuvertüre** hacken, auf dem Wasserbad schmelzen und temperieren (siehe S. 15). Die Kuvertüre in eine Form mit fünf Vertiefungen für kleine Tafeln verteilen und sofort mit den Pistazien und den Salzstangen bestreuen. Die Form vorsichtig auf die Arbeitsfläche klopfen, sodass die Pistazien und die Salzstangen etwas einsinken und sich fest mit der Kuvertüre verbinden. Die Schokoladentafeln in 3 – 4 Std. fest werden lassen und vorsichtig aus der Form klopfen. In Zellophanbeutel verpacken. Hält ca. 6 Wochen.

Erdnuss-Schokoladentafeln

Für 5 kleine Tafeln **50 g geröstete, ungesalzene Erdnüsse** grob hacken. **150 g Vollmilchkuvertüre** hacken, auf dem Wasserbad schmelzen und temperieren (siehe S. 15). **50 g glatte Erdnussbutter** auf dem Wasserbad vorsichtig auf höchstens 30° erwärmen, zur Kuvertüre geben und gut untermischen. Die Mischung in einen Einwegspritzbeutel füllen und in die Vertiefungen einer Tafelform für kleine Schokotäfelchen verteilen. Mit den Erdnüssen üppig bestreuen und diese leicht eindrücken. Die Täfelchen in 3 – 4 Std. fest werden lassen. Die Tafeln aus der Form klopfen und in Zellophanbeutel verpacken. Hält ca. 4 Wochen.

Schokobruch mit Paranüssen

für leidenschaftliche Schokoladenfans

Für ca. 800 g Schokobruch **150 g kandierte Angelikastange (Spezialversand)** klein schneiden. **150 g Paranusskerne** grob hacken. Ein Backblech mit Backpapier belegen. **500 g Vollmilchkuvertüre** hacken, schmelzen und temperieren (siehe S. 15). Gleichzeitig auf einem zweiten Wasserbad **50 g gehackte Zartbitterkuvertüre** schmelzen und temperieren. Die Hälfte davon in unregelmäßigen Linien auf die Folie laufen lassen. Kurz anziehen lassen. ½ **TL gemahlenen Zimt** unter die Vollmilchkuvertüre rühren. Nüsse und Angelika unterziehen und die Kuvertüre 5 – 8 mm hoch auf die Folie verteilen. Restliche Zartbitterkuvertüre daraufträufeln, in 3 – 4 Std. fest werden lassen. Hält ca. 6 Wochen.

Schokobruch mit Ananas und Chili

mit exotischer Schärfe

Für ca. 650 g Schokobruch **150 g kandierte Ananas** klein schneiden. Einen großen Gefrierbeutel an zwei Seiten aufschneiden und ein Backblech damit belegen. **500 g Zartbitterkuvertüre** hacken, auf dem Wasserbad schmelzen und temperieren (siehe S. 15). Die Ananasstücke unterrühren und das Ganze so auf der Folie verteilen, dass eine 5 – 8 mm dicke Schicht entsteht. Sofort mit **2 – 3 g Chilifäden** bestreuen. In 3 – 4 Std. fest werden lassen. Die Schokolade in Stücke brechen und in Zellophanbeutel verpacken. Hält ca. 6 Wochen.

Italienische Schokoladensalami

ein besonderes Geschenk
Zubereitung: ca. 1 Std. | fest werden lassen: 2 – 3 Std. | Haltbarkeit: 2 – 3 Wochen |

Für 1 Salami von
ca. 30 cm Länge

80 g getrocknete, entsteinte
  Datteln
40 g ungesalzene Macadamianusskerne
50 g harte Amaretti (ital.
  Mandelkekse)
150 g Vollmilchkuvertüre
50 g Butter
2 Eigelb
30 g Sahne
20 g Rum
ausgeschabtes Mark von
  1 Vanilleschote
50 g getrocknete Cranberrys
20 g getrocknete Blaubeeren
30 g Rosinen
250 g Marzipanrohmasse
Puderzucker zum Bestreichen

Clever variiert

Für eine **dunkle Salami** anstelle
der Vollmilchkuvertüre 150 g Zartbitterkuvertüre verwenden und
die Salami mit 100 g zerbröckelten
Butterkeksen, 50 g klein gehack-
ter weißer Kuvertüre, 70 g klein
geschnittener kandierter Orangenschale und 50 g kandierten, halbierten Sauerkirschen zubereiten.

1 Die Datteln in kleine Stücke schneiden, die Macadamianüsse halbieren. Die Amaretti in einen Gefrierbeutel geben,
verschließen und mit dem Nudelholz grob zerkleinern.

2 Die Kuvertüre hacken. Die Butter mit der Kuvertüre in
eine hitzefeste Schüssel geben und auf dem Wasserbad
schmelzen. Die Eigelbe mit der Sahne und dem Rum in eine
Metallschüssel geben und auf dem knapp siedenden Wasserbad weißschaumig aufschlagen.

3 Das Vanillemark und die Butter-Schokoladen-Mischung
unter die Eigelbcreme rühren. Die Trockenfrüchte, die
Nüsse und die Amaretti gründlich unter die Masse heben,
bis sich alle Zutaten gut verteilt haben.

4 Die Masse auf ca. 25 cm Länge und ca. 5 cm Durchmesser auf ein mit Backpapier ausgelegtes Blech oder Tablett
auftragen und etwas anziehen lassen. Dann mit dem
Backpapier straff zu einer »Wurst« aufrollen und im Kühlschrank in 2 – 3 Std. fest werden lassen.

5 Die Marzipanrohmasse zwischen zwei Lagen Backpapier
ca. 18 × 30 cm groß ausrollen. Die Schokoladensalami darin
einschlagen, die Naht glatt streichen. Aus dem überstehen-
den Marzipan an den Enden Wurstzipfel formen, evtl. mit
Schnur vorsichtig abbinden, damit es noch echter aussieht.

6 Die Schokoladensalami mit den Fingern rundherum mit
etwas Puderzucker einstreichen und kurz antrocknen lassen. In Zellophanfolie oder Wachspapier verpacken. Die
Schokoladensalami kühl und dunkel aufbewahren.

Dominosteine

etwas aufwendiger
Zubereitung: ca. 2 Std. 10 Min. | fest werden lassen: mind. 12 Std. | Haltbarkeit: ca. 8 Wochen |

Für ca. 80 Stück

250 g Marzipanrohmasse
200 g Rote TK-Johannisbeeren,
aufgetaut
180 g Zucker
5 g Apfelpektin (Apotheke oder
Spezialversand)
30 g Glukosesirup (Spezialversand)

Für den Lebkuchenteig:

50 g Mehl
100 g gemahlene Haselnüsse
120 g gemahlene Mandeln
1 – 2 TL Lebkuchengewürz
125 g Marzipanrohmasse
1 EL Honig
1 EL Aprikosenkonfitüre
Saft und abgeriebene Schale
von ½ Bio-Zitrone
je 50 g fein gehacktes Zitronat
und Orangeat
3 Eiweiß | 200 g Zucker
3 g Hirschhornsalz
ca. 750 g Zartbitterkuvertüre

Außerdem:

hoher Backrahmen, auf
ca. 25 × 36 cm eingestellt
Zuckerthermometer
Backmatte

1 Die Marzipanrohmasse zwischen zwei Lagen Backpapier auf 25 × 36 cm ausrollen. Das obere Backpapier abziehen, den Rahmen um das Marzipan legen.

2 Die Johannisbeeren pürieren, durch ein Sieb streichen und 160 g abwiegen. 30 g Zucker mit dem Apfelpektin mischen, mit dem Johannisbeermark aufkochen. Glukosesirup und nach und nach den restlichen Zucker dazugeben. Die Masse auf 107° kochen (siehe S. 13). Auf dem Marzipan glatt verstreichen. Den Rahmen abheben und säubern. Den Backofen auf 190° vorheizen.

3 Für den Lebkuchen Mehl sieben, mit Haselnüssen, Mandeln und Lebkuchengewürz mischen. Marzipan, Honig, Konfitüre, Zitronensaft, -schale, Zitronat und Orangeat verkneten. Die Eiweiße mit dem Zucker zu sehr steifem Schnee schlagen, ein Drittel davon unter die Marzipanmischung arbeiten, dann den Rest und die Mehl-Nuss-Mischung ebenfalls unterheben. Hirschhornsalz mit etwas Wasser anrühren und unterrühren. Eine Backmatte auf ein Backblech legen und den Backrahmen daraufsetzen. Den Teig einfüllen, glatt streichen und ca. 15 Min. (Mitte) backen.

4 Kurz abkühlen lassen, Rahmen entfernen, Lebkuchen mithilfe der Backmatte auf das Gelee stürzen. Matte mit einer Platte beschweren. Über Nacht abkühlen lassen.

5 Kuvertüre hacken, schmelzen, temperieren (siehe S. 15). Platte und Backmatte entfernen, Lebkuchen mit Kuvertüre bestreichen, fest werden lassen, wenden, auf Backpapier setzen. In ca. 3 cm große Würfel schneiden, in die Kuvertüre tauchen, auf Backpapier fest werden lassen.

Sesam-Schichtnougat

sehr edel
Zubereitung: ca. 1 Std. 10 Min. | fest werden lassen: ca. 8 Std. | Haltbarkeit: ca. 8 Wochen |

Für ca. 900 g

30 g geschälte Sesamsamen
50 g kandierte Orangenschale
200 g dunkles Mandelnougat
1 EL Sesampaste (Bioladen
  oder türk. Lebensmittelgeschäft)
430 g Zartbitterkuvertüre
100 g Bittermandelnougat
  (ersatzweise dunkles
  Haselnussnougat)
200 g helles Mandelnougat

Außerdem:

Rahmen von ca. 10 × 15 cm
Öl für den Rahmen

1 Den Rahmen auf Backpapier setzen und innen leicht einölen. Den Sesam in einer beschichteten Pfanne ohne Fett rösten, auf einen Teller geben und abkühlen lassen. Die kandierte Orangenschale fein hacken.

2 130 g dunkles Mandelnougat klein würfeln. Die übrigen 70 g mit der Sesampaste auf dem warmen Wasserbad schmelzen. Vom Wasserbad nehmen und die Nougatwürfel unterrühren, bis die Masse glatt ist. Sesamsamen unterrühren, die Masse in den Rahmen füllen, fest werden lassen.

3 30 g Zartbitterkuvertüre hacken. 70 g Bittermandelnougat klein würfeln. Die übrigen 30 g mit der gehackten Kuvertüre auf dem warmen Wasserbad schmelzen. Vom Wasserbad nehmen und die Nougatwürfel unterrühren, bis die Masse glatt ist. Auf das Sesamnougat in den Rahmen füllen, glatt streichen und fest werden lassen.

4 130 g helles Mandelnougat klein würfeln. Das übrige helle Mandelnougat auf dem warmen Wasserbad schmelzen. Vom Wasserbad nehmen und die Nougatwürfel unterrühren, bis die Masse ganz glatt ist. Die Orangenschale unterrühren. Das Ganze in den Rahmen füllen, glatt streichen und in 3 – 4 Std. fest werden lassen.

5 Den Rahmen lösen. Das Nougat in ca. 2,5 cm dünne Streifen und diese in ca. 8 mm breite Stücke schneiden. Nougatstücke umdrehen, sodass die drei Streifen oben sind.

6 Die übrige Kuvertüre hacken, schmelzen und temperieren (siehe S. 15). Die Nougatstücke so in die Kuvertüre tauchen, dass die gestreifte Oberfläche frei bleibt. Die Nougatstückchen am Schüsselrand abstreifen und in 3 – 4 Std. auf Backpapier fest werden lassen.

Rumkugeln

Für ca. 400 g Rumkugeln **250 g Zartbitter-kuvertüre** hacken. **100 g Sahne** aufkochen, vom Herd nehmen und die Kuvertüre darin schmelzen. **50 g Jamaica-Rum** und **100 g ge-mahlene Haselnüsse** unterrühren und die Masse in 1–2 Std. etwas fest werden lassen. Dann mit einem Teelöffel kleine Portionen abstechen, mit leicht angefeuchteten Händen zu Kugeln formen und in **Kristallzucker** wälzen. Hält ca. 10 Tage.

Auch clever

Statt mit Rum die Pralinen mit Whiskey, Cointreaux, Kirschwasser, Williams-Birnen-Geist oder Calvados aromatisieren. Nach Belieben in gehackten Pista-zien, Haselnussblättchen oder Kakaopulver wälzen.

Dunkle Orangentrüffel

Für ca. 500 g Orangentrüffel **200 g Zartbit-terkuvertüre** hacken. **70 g Sahne** in einem Topf aufkochen, vom Herd nehmen, die Kuvertüre einrühren und darin schmelzen. **Fein abgeriebene Schale von 1 Bio-Orange, 5 Tropfen natürliches Orangenöl** (Bioladen oder Apotheke) und **30 g Cointreau** unter die Mischung rühren. Abgedeckt in ca. 6 Std. fest werden lassen. **70 g weiche Butter** dazuge-ben und die Mischung mit den Schneebesen des Handrührgeräts luftig aufschlagen. Die Schokoladenmasse in einen Spritzbeutel mit 12-mm-Lochtülle füllen, kleine Kugeln auf Backpapier setzen und in 2–3 Std. fest werden lassen. **300 g Zartbitterkuvertüre** hacken, schmelzen und temperieren (siehe S. 15). Die Trüffel mit der Kuvertüre überziehen und in **200 g Kakaopulver** wälzen. Hält ca. 10 Tage.

Weiße Limettentrüffel

fein säuerlich

Für ca. 600 g Limettentrüffel **100 g Limetten-saft** abwiegen. **250 g weiße Kuvertüre** hacken. Den Limettensaft in einem Topf erhitzen, vom Herd nehmen, die Kuvertüre einrühren, schmelzen und glatt rühren. Abgedeckt in ca. 6 Std. fest werden lassen. Die Masse mit den Schneebesen des Handrührgeräts luftig aufschlagen. **70 g weiche Butter** schaumig rühren, die Trüffelmasse nach und nach dazu-geben und unterschlagen. Die Trüffelmasse in einen Spritzbeutel mit 12-mm-Lochtülle geben und kleine Kugeln auf Backpapier spritzen. In 2 – 3 Std. fest werden lassen. **300 g weiße Ku-vertüre** hacken, schmelzen und temperieren (siehe S. 15). Die Trüffel damit überziehen und sofort in **200 g Puderzucker** wälzen. Hält kühl gelagert ca. 1 Woche.

Nougattütchen

wie vom Profi

Für ca. 50 Stück **50 g gehackte Haselnüsse** ohne Fett hellbraun rösten. **200 g Hasel-nussnougat** halbieren, eine Hälfte klein wür-feln, die andere Hälfte auf dem Wasserbad schmelzen. Vom Wasserbad nehmen, die Würfel dazugeben und unter Rühren schmel-zen. Haselnüsse unterrühren, die Masse in einen Einwegspritzbeutel füllen, eine Spitze abschneiden. Die **Aluminiumtütchen (Spe-zialversand)** zu zwei Dritteln befüllen. Auf-recht in eine (z. B. mit Grieß gefüllte) Schüs-sel stellen, in ca. 2 Std. fest werden lassen. **200 g Vollmilchkuvertüre** hacken, schmelzen und temperieren (siehe S. 15). **2 – 3 Tropfen Weinbrand** unterrühren. Kuvertüre in einen Spritzbeutel mit Sterntülle füllen, die Tütchen mit je 1 Tupfen verschließen, in ca. 2 Std. fest werden lassen. Hält ca. 6 Wochen.

Schokoladen-Panforte-Riegel

Gruß aus Bella Italia
Zubereitung: ca. 45 Min. | Backen: 25 – 35 Min. | fest werden lassen: ca. 12 Std. | Haltbarkeit: ca. 6 Wochen |

Für ca. 1 kg

100 g Walnusskerne
100 g gehäutete Mandeln
je 1 Bio-Zitrone und Bio-Orange
100 g Orangeat am Stück
200 g getrocknete entsteinte
  Zwetschgen
100 g getrocknete entsteinte
  Datteln
150 g Weizenmehl Type 1050
150 g Vollmilchkuvertüre
80 g brauner Zucker
100 g Honig
je 1 gute Msp. gemahlener
  Ingwer, Piment, Anis und
  Muskatblüte (Macis)
1 Prise Chilipulver
30 g Orangenlikör
30 g Rosenwasser (Apotheke)
große eckige Backoblaten

Außerdem:

hoher Backrahmen, auf ca.
  24 × 24 cm eingestellt
Butter für den Rahmen
Puderzucker zum Bestreuen

1 Den Backofen auf 180° Umluft vorheizen. Walnüsse und Mandeln auf ein mit Backpapier belegtes Blech geben und im Ofen ca. 10 Min. leicht rösten, aber nicht bräunen. Herausnehmen und abkühlen lassen. Den Backofen auf 160° Ober-/Unterhitze herunterschalten. Zitrone und Orange heiß waschen, abtrocknen und die Schale fein abreiben.

2 Das Orangeat und die Trockenfrüchte in 1 cm große Würfel schneiden. Mit Nüssen, Mandeln und dem Mehl in einer Schüssel mischen. Die Kuvertüre hacken und auf dem Wasserbad schmelzen. Zucker, Honig und Gewürze in einem Topf unter Rühren erhitzen, bis sich der Zucker aufgelöst hat. Vom Herd nehmen, Zitrusschalen, Likör und Rosenwasser unterrühren.

3 Den Rahmen mit Butter einfetten und auf Backpapier setzen. Die Oblaten nebeneinander hineinlegen. Honigmischung, geschmolzene Schokolade und Frucht-Nuss-Mischung gut vermischen. Die Masse in den Rahmen geben und mit angefeuchteten Händen glatt streichen.

4 Im Ofen (Mitte) in 25 – 35 Min. goldbraun backen. Kurz abkühlen lassen, auf ein Kuchengitter stürzen, wenden und über Nacht auskühlen lassen. In ca. 2 × 4 cm große Streifen schneiden. Dünn mit Puderzucker bestreuen und in Zellophanbeutel verpacken. Luftdicht aufbewahren.

Clever variiert

Für **Panforte-Riegel mit Zitrusfrüchten** anstelle der Trockenfrüchte 150 g Zitronat am Stück in 1 cm große Würfel und 150 g getrocknete Aprikosen in dünne Streifen schneiden. Die Masse wie beschrieben zubereiten, jedoch anstelle der Vollmilchkuvertüre 150 g weiße Kuvertüre schmelzen und untermischen.

Weiße Schokoriegel mit Mohn und Cranberrys

Luxus-Nascherei
Zubereitung: ca. 1 Std. 10 Min. | fest werden lassen: ca. 12 Std. | Haltbarkeit: ca. 10 Tage |

Für 16 Stück

200 g Zucker
50 g Sahne
40 g Butter
10 g gemahlener Mohn
50 g Rotwein (ersatzweise
  Cranberrysaft)
ca. 200 g frische Cranberrys
  (ersatzweise TK-Cranberrys,
  aufgetaut)
400 g weiße Kuvertüre
30 g Butterschmalz
fettlösliche rote Lebensmittelfarbe in Pulverform

Außerdem:

hoher Backrahmen, auf
  ca. 14 × 25 cm eingestellt
Öl für den Rahmen
Zuckerthermometer
Schüssel mit Eiswasser

1 Den Rahmen auf Backpapier setzen und innen dünn einölen. 150 g Zucker mit Sahne und Butter in einem Topf auf
114° kochen (siehe S. 13). Den Topf in Eiswasser abschrecken, den Mohn unterrühren und die Masse mit einem
Holzlöffel kräftig schlagen, bis sie dicklich und kristallin
wird. In den Rahmen füllen und etwas fest werden lassen.

2 Den übrigen Zucker in einem Topf goldbraun karamellisieren lassen, mit dem Rotwein ablöschen. Cranberrys dazugeben und in ca. 5 Min. weich kochen. Mit dem Pürierstab
pürieren und durch ein feines Sieb streichen. 150 g Püree
abwiegen und wieder erwärmen. 300 g weiße Kuvertüre hacken, dazugeben und schmelzen. Rühren, bis die Mischung
glatt ist. Diese Masse auf die Masse im Rahmen füllen, mit
Folie abdecken und über Nacht ruhen lassen.

3 Das Butterschmalz in einem Topf zerlassen, etwas abkühlen
lassen. Die übrige weiße Kuvertüre hacken, schmelzen und
temperieren (siehe S. 15). Das Butterschmalz unterrühren.
2–3 EL abnehmen und in eine kleine Schüssel geben. Mit
der Farbe mischen und in einen Spritzbeutel füllen.

4 Die weiße Kuvertüre auf die Cranberrymasse streichen. Mit
der roten Kuvertüre zügig einige dünne Striche nebeneinander auftragen, mit einem Holzstäbchen im rechten Win-
kel zu den Linien durchfahren. Die Kuvertüre in ca. 2 Std.
fest werden lassen. Rahmen entfernen, das Ganze in 16 Riegel von ca. 3,5 × 5 cm schneiden. Kühl aufbewahren.

Schokoriegel mit Trockenzwetschgen

edel | *Zubereitung: ca. 1 Std.* | *fest werden lassen: ca. 12 Std. + ca. 4 Std.* | *Haltbarkeit: ca. 10 Tage* |

Für ca. 24 Stück

100 g Butterkekse
5 g Kakaopulver
gemahlener Zimt und Nelken
70 g Butter
200 g getrocknete entsteinte
  Zwetschgen
20 g Zucker
50 g Walnusskerne
fein abgeriebene Schale von
  ½ Bio-Zitrone
650 g Zartbitterkuvertüre
70 g Sahne
Walnusskerne und Blattgold
  (nach Belieben)
hoher Backrahmen, auf
  ca. 15 × 20 cm eingestellt
Butter für den Rahmen

1 Den Rahmen auf Backpapier setzen und innen mit Butter einfetten. Die Kekse zerbröseln, mit Kakao, 1 Prise Zimt und ½ Prise Nelken mischen. 50 g Butter zerlassen, Keksbrösel dazugeben, verkneten und in den Rahmen füllen. Festdrücken und kalt stellen.

2 Zwetschgen mit 50 g Wasser und Zucker weich kochen, im Blitzhacker fein pürieren. Mit Walnüssen und Zitronenschale mischen, auf den Keksboden geben, wieder kalt stellen. 150 g Zartbitterkuvertüre hacken. Sahne aufkochen, vom Herd nehmen, Kuvertüre unterrühren, 20 g Butter dazugeben, glatt rühren. Auf die Zwetschgen streichen und mit Folie abgedeckt über Nacht ruhen lassen.

3 Den Rahmen lösen. Das Ganze in ca. 2 × 5 cm große Riegel schneiden. Restliche Kuvertüre hacken, schmelzen und temperieren (siehe S. 15). Die Riegel damit überziehen. Nach Belieben mit Walnusskernen und Blattgold verzieren. In ca. 4 Std. fest werden lassen.

Möhren-Karamell-Riegel

extravagant | *Zubereitung: ca. 1 Std.* | *fest werden lassen: ca. 2 Std. + ca. 12 Std.* | *Haltbarkeit: ca. 10 Tage* |

Für ca. 24 Stück

40 g Haselnusskerne
100 g Vollkornbutterkekse
60 g Butter
450 g geschälte Möhren
150 g Sahne
340 g Zucker
150 g Butterschmalz
fein abgeriebene Schale von
  1 Bio-Orange
100 g weiße Kuvertüre

Außerdem:

hoher Backrahmen, auf
  ca. 15 × 20 cm eingestellt
Butter für den Rahmen

1 Den Rahmen auf Backpapier setzen und innen mit Butter einfetten. Die Haselnüsse ohne Fett hellbraun rösten, im Blitzhacker fein mahlen. Die Kekse zerbröseln und mit den Nüssen mischen. Die Butter zerlassen, untermischen. In den Rahmen füllen, festdrücken und kalt stellen.

2 Die Möhren fein reiben, mit 100 g Sahne und 240 g Zucker kochen, bis die Flüssigkeit verdampft ist. Butterschmalz und Orangenschale dazugeben, unter Rühren weiterkochen, bis das Schmalz aufgenommen ist. Auf den Keksboden streichen, in ca. 2 Std. fest werden lassen.

3 Die übrige Sahne aufkochen. In einem weiteren Topf den übrigen Zucker goldbraun karamellisieren (siehe S. 15), mit der Sahne ablöschen. Weiße Kuvertüre klein hacken, in der Sahne schmelzen und auf die Möhren geben. Glatt streichen, über Nacht fest werden lassen. In 24 Riegel schneiden und in einer Dose aufbewahren.

Glossar

Agavendicksaft
Aus dem Saft von Agavenblättern gewonnen, ähnelt Agavendicksaft dünnflüssigem Honig, ist jedoch geschmacksneutral. Das macht ihn als Süßungsmittel interessant. Agavendicksaft bekommt man im Bioladen und im Reformhaus.

Aluminiumtütchen
Braucht man für Nougatpralinen und bekommt man im gut sortierten Haushaltswarengeschäft oder über den Spezialversand. Die bunten, etwa 4 cm langen Tütchen werden meist in Einheiten von 100 Stück verkauft.

Angelika, kandiert
Die Stängel des Engelwurz werden mit Zucker haltbar gemacht. Die natürlich grünen Stängel eignen sich zum Garnieren von Pralinen, Kuchen und Torten. Man bekommt sie in der gut sortierten Konfiserie, in Geschäften, die auf getrocknete und kandierte Früchte spezialisiert sind und beim Spezialversand.

Apfelpektin
Geliermittel auf pflanzlicher Basis, gewonnen aus unreifem Obst, meistens Äpfeln. Pektin wird zum Andicken verwendet. Man bekommt es als Pulver in der Apotheke oder beim Spezialversand.

Backoblaten
Man kennt sie aus der Weihnachtsbäckerei, wo sie vor allem für Lebkuchen verwendet werden.

Die dünnen Plättchen gibt es auch in größeren Zuschnitten, sie sind außerhalb der Weihnachtssaison am besten über den Spezialversand erhältlich.

Berberitzen
Heißen auch Sauerdorn und sind bei uns vor allem als Ziersträucher bekannt. Ihre kleinen roten, säuerlichen und vitaminreichen Beeren bekommt man über den Spezialversand, in Geschäften, die auf getrocknete und kandierte Früchte spezialisiert sind oder im iranischen oder türkischen Lebensmittelgeschäft.

Erdmandeln
Sie wachsen vor allem im Mittelmeerraum. Die Verdickungen an den Wurzeln eines Riedgrasgewächses sind erbsen- bis eichelgroß, braun und schrumpelig. Sie werden getrocknet, evtl. geröstet, gehobelt oder gemahlen verwendet. Geschmacklich erinnern sie an Haselnüsse oder Mandeln, man bekommt sie im Bioladen oder Reformhaus.

Fruchtmark
siehe Seite 9.

Gefriergetrocknete Früchte bzw. Fruchtpulver
siehe Seite 9.

Gelatine
Hierbei handelt es sich um ein geschmacksneutrales Bindemittel, das aus tierischem Bindegewebe gewonnen wird. Speisegelatine gibt es in hauchdünnen Blättern im Lebensmittelhandel im Backregal.

Die Blätter werden weich und glibberig, wenn man sie in kaltem Wasser einweicht. Anschließend wird die Gelatine auf etwa 50° erhitzt oder in heißer Flüssigkeit aufgelöst. Gelatine sollte nicht heißer als 80° werden, damit sie ihre Gelierfähigkeit nicht verliert. Beim Erkalten wird sie fest.

Glukosesirup
Der glasklare Sirup spielt eine sehr wichtige Rolle in der Süßwarenherstellung. Er wird aus Stärke gewonnen, ist sehr dick und klebrig und verhindert das Auskristallisieren von Zucker, macht außerdem Cremes, Bonbons und andere Süßigkeiten geschmeidig und länger haltbar. Beim Spezialversand bestellen.

Hirschhornsalz
Dieses Backtriebmittel findet vor allem in der Weihnachtsbäckerei Verwendung. Es wurde urspünglich aus vermahlenem Hirschgeweih hergestellt. Es lockert flaches Gebäck und Lebkuchen auf.

Honeycomb
Bienenwaben verliehen dieser Süßigkeit ihren Namen, denn der poröse, harte Karamell erinnert mit seinen vielen kleinen Löchern an die wächserne Behausung.

Kakaonibs
Das sind in kleine Stücke gebrochene, getrocknete, fermentierte und geröstete Kakaobohnen. Kakaonibs werden gerne als knusprige Einlage in cremige Pralinenfüllungen gegeben. Man bekommt sie über den Spezialversand.

Kakaopulver
In der Süßigkeitenherstellung wird das dunkle, stark entölte Kakaopulver verwendet, nicht die gesüßte Trinkschokolade.

Kuvertüre
Hier ist beste Qualität wichtig. Praktisch ist Kuvertüre in Blättchen- oder Tropfenform, weil sie nicht gehackt werden muss.

Lavendelöl
Ein natürliches, ätherisches Öl aus Lavendelblüten, das man im Bioladen oder in der Apotheke bekommt.

Lebensmittelfarbe
siehe Seite 9.

Marzipanrohmasse
Dieses Produkt gibt es in verschiedenen Qualitäten im Lebensmittelhandel oder über den Spezialversand. Am besten schmeckt Marzipanrohmasse, die aus Mandeln vom Mittelmeer hergestellt worden ist, denn sie enthält einen kleinen Anteil an Bittermandeln, die für ein feines Aroma sorgen.

Matcha-Teepulver
Es wird in Japan zur Herstellung eines intensiv grünen Teegetränks verwendet. Man bekommt es im gut sortierten Teegeschäft, im asiatischen Lebensmittelgeschäft oder über den Spezialversand.

Nougat
Die beste Qualität gibt es beim Spezialversand. Bei der Herstellung von Nougat werden geröstete Haselnüsse oder Mandeln mit mehr oder weniger karamellisiertem Zucker und Kakaomasse bzw. Kakaobutter mit speziellen Walzen gewalzt, bis sie sich zu der schnittfesten und zart schmelzenden Masse verbunden haben. Es gibt dunkles Mandelnougat (mit Kakaomasse), Bittermandelnougat (mit dunkel gerösteten Mandeln, karamellisiertem Zucker und Kakaobutter), dunkles Haselnussnougat (mit Kakaomasse) und helles Mandelnougat (mit Kakaobutter).

Orangenöl
Ein naturreines, ätherisches Öl, das beim Pressen von Orangenschalen gewonnen wird und im Bioladen oder in der Apotheke erhältlich ist.

Pfefferminzöl
Ein natürliches, ätherisches Öl aus Pfefferminzblättern, das man im Bioladen oder in der Apotheke bekommt.

Rosenöl
Natürliches ätherisches Öl aus Rosenblüten. Das kostbare Öl bekommt man im Bioladen.

Rosenwasser
Ein »Abfallprodukt«, das bei der Destillation von Rosenöl gewonnen wird. Es wird zum Parfümieren von Marzipan und orientalischen Desserts verwendet. Naturreines Rosenwasser bekommt man in der Apotheke oder im Bioladen.

Sesampaste
Auch unter dem Namen Tahin im Handel. Sie wird aus geschältem oder ungeschältem, gemahlenem Sesam hergestellt. Man bekommt sie im Bioladen oder im türkischen Lebensmittelgeschäft.

Tonkabohne
Der ca. 6 cm lange mandelförmige, dunkelbraune Samen des Tonkabaumes, der ursprünglich im nördlichen Südamerika beheimatet ist. Tonkabohnen duften und schmecken intensiv nach Vanille und Bittermandeln. Sparsam dosieren, denn sie enthalten Cumarin, das in großer Menge zu Übelkeit führen kann.

Waldmeister
Das Kraut gibt es frisch im Mai zu kaufen, es lässt sich auch gut trocknen. Dafür ein paar Stiele zusammenbinden und kopfüber an einem trockenen Ort aufhängen.

Weinsteinsäure
siehe Seite 9.

Zitronat, Orangeat
Kandierte und leicht getrocknete Schalen von besonders dickschaligen Zitronen und Orangen. Die beste Qualität kommt aus Sizilien, gibt's im Fachgeschäft für getrocknete und kandierte Früchte.

Zitronensäure
Sie wird ähnlich wie Weinsteinsäure beim Bonbonkochen verwendet und sorgt dafür, dass der geschmolzene Zucker nicht auskristallisiert. Außerdem schmeckt sie intensiv sauer und wird besonders für säuerliche Fruchtbonbons verwendet. Gibt's in Supermarkt oder Apotheke.

Bezugsadressen

**Kuvertüren, Marzipan, Gewürze,
Kräuter, getrocknete Früchte und
andere Spezialitäten zur Herstellung von Süßigkeiten:**
www.pralinenschule.de
www.bosfood.com
www.aureliebastian.de
www.spiceforlife.de
www.hobbybaecker.de

www.pati-versand.de
www.seit1887.de, vor allem Kräuter
und Gewürze
Spanisches Fruchthaus (München),
Tel.: 089/26 45 70, alle Sorten
getrocknete und kandierte Früchte

Für essbares Blattgold:
www.dukatshop.de

**Für Zubehör wie Formen,
Pralinengabeln, Folien:**
www.pralinenschule.de
www.kochgut-muenchen.de
www.hobbybaecker.de
www.pati-versand.de

So viel mehr lecker.

Die Autorinnen

Kerstin Spehr führt seit vielen Jahren in München eine kleine, feine Pralinenmanufaktur. Das ganze Jahr hindurch gibt die Chocolatière dort Kurse, in denen sie ihr großes handwerkliches Können, ihre Tricks und Kniffe an neugierige Süßschnäbel weitergibt. Dies ist nach »Pralinen selbst gemacht« das zweite Buch, das sie mit der Food-Autorin Petra Casparek schreibt.
www.pralinenschule.de

Petra Casparek ist Autorin zahlreicher Koch- und Backbücher und Koch-Dozentin. Für dieses Buch hat sie sich zusammen mit Kerstin Spehr mit großer Freude und Genuss der Herstellung von Naschwerk aller Art gewidmet.

Die Fotografin

Jana Liebenstein begann ihre Karriere als Fotografin in Australien, mittlerweile ist sie viel herumgekommen und kehrte nach einigen arbeitsreichen Jahren in Deutschland wieder in ihre Wahlheimat zurück. Sie lebt und arbeitet in Melbourne. Ein besonderes Dankeschön geht an **Suzanne Tipton** (Food-Styling) und an **Lisa La Barbera** (Styling und Requisite).

Bildnachweis: Alle Fotos von Jana Liebenstein, außer S. 14 Fotos 2, 3: Fotos mit Geschmack und S. 34, 88, 90, 110: Eising Studio.

Syndication: www.jalag-syndication.de
Titelbildrezept: Granatapfel-Orangen-Würfel, S. 65
© **2014 GRÄFE UND UNZER VERLAG GmbH, München**

Projektleitung: Monika Greiner
Redaktionelle Mitarbeit: Dorothea Bernhard
Lektorat: Katharina Lisson
Korrektorat: Ulrike Wagner
Innen- und Umschlaggestaltung: independent MedienDesign, Horst Moser, München
Herstellung: Markus Plötz
Satz: Gerti Köhn
Reproduktion: Longo AG, Bozen
Druck und Bindung: Printer Trento, Trient
ISBN 978-3-8338-4004-3
1. Auflage 2014

Liebe Leserin, lieber Leser,

haben wir Ihre Erwartungen erfüllt? Sind Sie mit diesem Buch zufrieden? Haben Sie weitere Fragen zu diesem Thema? Wir freuen uns auf Ihre Rückmeldung, auf Lob, Kritik und Anregungen, damit wir für Sie immer besser werden können.

GRÄFE UND UNZER Verlag
Leserservice
Postfach 86 03 13
81630 München
E-Mail:
leserservice@graefe-und-unzer.de

Telefon: 0800/72 37 33 3*
Telefax: 0800/50 12 0 54*
Mo–Do: 8.00–18.00 Uhr
Fr: 8.00–16.00 Uhr
(* gebührenfrei in Deutschland)

Ihr GRÄFE UND UNZER Verlag
Der erste Ratgeberverlag – seit 1722.

Ein Unternehmen der
GANSKE VERLAGSGRUPPE